mare

Julien Blanc-Gras

TOURIST

**Wie ich mit Buddhas Mutter zu Abend aß,
in Mosambik Frösche fing
und Radarfallen im Busch entkam**

Aus dem Französischen
von Annika Loose

mare

Die Deutsche Nationalbibliothek verzeichnet
diese Publikation in der Deutschen Nationalbibliografie;
detaillierte bibliografische Daten sind im Internet
unter http://dnb.ddb.de abrufbar.

Dieses Buch erscheint mit Unterstützung
des Institut français Deutschland.

Die Arbeit der Übersetzerin wurde durch den
Deutschen Übersetzerfonds und die Stadt Wien gefördert.

Die französische Originalausgabe erschien 2011
unter dem Titel *Touriste* bei Au diable vauvert, Vauvert.
© Julien Blanc-Gras, Au diable vauvert, 2011.

1. Auflage 2015
© 2015 by mareverlag, Hamburg

Lektorat Kirsten Gleinig
Typografie Farnschläder & Mahlstedt, Hamburg
Schrift Quadraat Pro
Druck und Bindung CPI Clausen & Bosse, Leck
Printed in Germany
ISBN 978-3-86648-219-7

www.mare.de

Für Eratosthenes

Inhalt

Präambel,

in der der Ursprung der Geografie-Besessenheit
des Erzählers zum Vorschein kommt

Auf unserem Planeten gibt es sieben Milliarden Menschen,
die alle irgendwo leben. Sie bevölkern Kontinente, Länder
und Städte, die ein Großteil von ihnen allerdings nicht mal
mit dem Finger auf einer Weltkarte zeigen kann – mangels
einer Weltkarte.

Ich bin ein Siebenmilliardstel der Menschheit, und ich
weiß nicht immer, wo ich lebe. Aber selbst wenn ich rein
quantitativ zu vernachlässigen bin, so hat die Frage nach
meinem Platz in dieser Welt doch ihre Berechtigung. Ich bin
in einem gemäßigten Klima aufgewachsen, wo der Zugang
zu proteinhaltiger Nahrung so unproblematisch ist, dass
Zeit bleibt für nebensächliche Beschäftigungen wie Hobbys
oder existenzielle Unsicherheiten. Die Bewohner der westlichen Welt verfügen über ein gewisses Spektrum an Mög-
lichkeiten in Bezug auf ihre geistigen Vorlieben und ihre
Lebensgestaltung. Man kann sich ohne Weiteres der Atom-
physik, dem Fußball oder dem politischen Engagement ver-
schreiben. Mein Interesse galt, solange ich denken kann, der
Geografie. Jahrelang bin ich mit einem Globus schlafen gegangen. Zugegeben, das mag seltsam klingen, denn normalerweise schlafen Kinder eher mit einem Kuscheltier ein. Ich
hatte mich stattdessen für einen aufblasbaren, durchsichti-
gen Ball entschieden, der mit einer Weltkarte bedruckt war.
Ein fantastisches Spielzeug, das ich in einem Laden mit an-

sonsten sinnlosem Spielzeug aufgestöbert hatte. Ich schlüpfte in mein Bett, die Erde fest in den Armen, die Wange an Korea geschmiegt, Norwegen innig an die Brust gedrückt und Los Angeles unter den Fingerspitzen. Wenn ich morgens aufwachte, fiel mein Blick sofort auf die Welt.

Das erste Buch, das ich aufschlug, war ein Atlas. Als ich lesen lernte, konnte ich »Kamtschatka« und »Saskatchewan« entziffern, bevor ich überhaupt wusste, wie man »Gabel« buchstabiert. Für mein heranreifendes Gehirn bildeten Buchstaben, Linien und Farben ein schlüssiges Abbild der Welt. Diese Magie der Karten bescherte mir den ersten ästhetischen Schock. Noch heute bin ich überzeugt davon, dass die Mercator-Projektion trotz ihrer Schwachstellen größere Anmut entfaltet als die Mona Lisa.

Sobald ich die Möglichkeit dazu hatte, wollte ich mich vergewissern, dass das, was in den Atlanten stand, auch stimmte. Ich machte eine große, lange, eine echte Reise. Ließ mich als Weltenbummler in unbekannte Breiten treiben. Allein und völlig frei durchstreifte ich monatelang einen Kontinent. Nach jahrelanger platonischer Liebe entdeckte ich nun, dass die Geografie auch eine körperliche Seite hatte. Eine Leidenschaft, die immer weiter wuchs, denn sie änderte sich ständig, war voller Überraschungen und abseits des Gewohnten. So bekam ich Wind in die Segel und Grips in den Kopf. Nebenbei wurde mir klar, dass ein Fluss noch viel schöner war als sein Verlauf auf einer Karte. Vor allem aber füllte ich Worte, die ich in der Reiseliteratur gelesen hatte, mit Empfindungen.

Die Reise macht uns.

Der Weg ist das Ziel.

Das Absolute liegt woanders.

All das stimmte.

Ich reiste und suchte nach einem Sinn für mein Leben, und es funktionierte tatsächlich. Ich hatte einen Sinn für mein Leben gefunden: Ich würde reisen.

In den Wochen nach meiner Rückkehr fiel es mir schwer, mich wieder an das sesshafte Leben zu gewöhnen. Ich wollte ein Flugticket in die Ferne buchen, doch eine Kleinigkeit hielt mich davon ab: Ich war völlig abgebrannt. Eine schwere Zeit. Es kam vor, dass ich mich vor eine Weltkarte setzte und in Tränen ausbrach, weil ich niemals in Sambia gewesen war. Weil ich womöglich niemals nach Sambia kommen würde. Der Gedanke war mir unerträglich. Zu wissen, dass ich nicht sofort wieder aufbrechen konnte, bedrückte mich geradezu körperlich, lag wie ein schweres Gewicht auf meiner Brust. Freiheit ist eine harte Droge.

Das Schreiben lenkte mich ab, war mein Methadon in Gestalt eines Spiralhefts, in dem ich in groben Zügen meine Zukunftspläne skizzierte:

Es gibt ungefähr zweihundert souveräne Staaten. Wir leben etwa dreißigtausend Tage. Betrachtet man das Dasein aus mathematisch-geografischer Sicht, so müssten wir hundertfünfzig Tage in jedem Land verbringen. Fünf Monate hier, fünf Monate dort, und so weiter bis zum Ende.

Es liegt also auf der Hand: Ich muss in alle Länder der Welt reisen. Die Sesshaftigkeit wird mir keine Ruhe bringen. Irgendwie werde ich die Mittel schon auftreiben. Mir meine

Kilometer verdienen. Ich komme, meine kleine, globalisierte Welt.

Ich will, dass man meine Träume ernst nimmt, so verrückt sie auch erscheinen mögen. Über Wünsche lässt sich nicht streiten. Der eine will ein Star sein, der andere eine Jacht besitzen oder mit Zwillingsschwestern schlafen. Ich will bloß nach Lusaka reisen. Und nach Thimphu. Und Valparaíso. Manche wollen aus ihrem Leben ein Kunstwerk machen, ich aus meinem eine lange Reise.

Ich habe gar nicht vor, mich zum Entdecker zu erklären. Weder will ich schwindelerregende Gipfel erobern noch höllischen Wüstenlandschaften trotzen. Ich bin viel genügsamer. Tourist, das reicht mir.

Der Tourist geht neugierig und gelassen durchs Leben, und das auch noch im Sonnenschein. Er nimmt sich die Freiheit, unwichtig zu sein. Sich unproduktiven, aber bereichernden Dingen zu widmen. Die Welt ist sein Zuhause. Jede Stadt ein Sieg.

Der Tourist ruft Verachtung hervor, dessen bin ich mir sehr wohl bewusst. Es heißt, er sei ein Weichling, ein plumper Dilettant. Ein Klischee, das aus einem Schamgefühl sich selbst gegenüber entsteht, denn für irgendjemanden ist man immer Tourist. Trotzdem kann man den Tourismus als maßstabsgetreuen Erdkundeunterricht auffassen und die Geografie als Nährboden aller Geisteswissenschaften. Hinter der Karte ist der Mensch verborgen. Die Welt lässt sich nicht vom Sessel aus begreifen. Ich muss in ständiger Bewegung bleiben. Darf nicht trödeln, denn ganze Kulturen gehen in diesem Moment unter, in dem ich schreibe, und wieder andere tauchen am Ende dieses Satzes auf. Sie breiten ihre Arme aus, ich muss nur zu ihnen gehen. Meinen Platz in der Welt werde ich mit jedem Schritt neu erfinden.

Englische Episode,

in der man die Bedeutung der Reisefreiheit erfasst

Ich erinnere mich nicht wirklich an das Bestehen meiner Führerscheinprüfung. Wie ich das Abi geschafft habe, ist in meinem Gedächtnis höchstens noch bruchstückhaft gespeichert.

Aber niemals werde ich meinen ersten Reisepass vergessen. Ein einfaches Heft im Taschenformat, ein Dokument zum Überqueren von Grenzen ohne Eltern und ohne Ausreisegenehmigung. Ein administrativer Geniestreich. Der Personalausweis kann da nicht mithalten. Er grenzt bloß die Person ein (Geschlecht: männlich, 1,78 m, besondere Kennzeichen: keine). Der Pass aber ist der Schlüssel zur ganzen Welt.

Ich war noch keine fünf Minuten volljährig, da reiste ich zum ersten Mal allein ins Ausland. Ich erinnere mich nicht mehr, warum, aber ich war so ausgelassen wie eine Trauergemeinde. Vielleicht hatte ich gerade begriffen, dass das Leben kein reines Zuckerschlecken war. Ich hatte beschlossen, für ein paar Wochen in London Zuflucht zu suchen, in der vagen Hoffnung, herauszufinden, wer ich war. Ein typisches Ansinnen in diesem Alter.

Tagelang lief ich durch die Straßen, durchstöberte die Plattenläden in Soho, betrachtete das Gewusel in Notting Hill oder die Flohmärkte in Camden. All das war überaus interessant, ich probierte dies und das aus, doch es half mir nicht unbedingt dabei, herauszufinden, wer ich war. Eines Nachts, als ich in einem Pub im Zentrum Londons die Zeit totschlug, machte es klick. Auf die Theke gestützt, schrieb ich in dem jämmerlichen, postpubertären Versuch, Arthur Morrison zu werden, die Seiten eines Spiralhefts voll. Seit einer Woche hing ich hier ab, die Band spielte wieder *Walk of Life,* ich schrieb gerade Sonette und trank Kronenbourg, als jemand sein Glas Guinness über meine der Verzweiflung geschuldeten Verse kippte. Eine Erscheinung, weiblich, mit verführerischem Haar und offensichtlich hormongesteuert. Anmerkung für junge *poètes maudits*: Nachts in Bars zu schreiben, so erbärmlich das auch sein mag, lockt das weibliche Geschlecht an. Sie war alt, mindestens fünfundzwanzig Jahre. Sie trug ein raffiniertes schwarzes Kleid und arrogante Absätze und arbeitete in der Modebranche. Ihre Augen funkelten selbstsicher vom Alkohol. Schlagfertig und voller Geschichten. Zum Beispiel hatte sie mit dem Bassisten von Blur geschlafen. Sie übertrieb ein wenig.

»Ich bin so eine Art Amazone«, sagte sie.

Meine Gedanken schweiften in eine unpassende Richtung ab.

»Ja, der Amazonas. Ist dir klar, dass man selbst heute noch immer nicht ganz sicher weiß, welches der längste Fluss der Welt ist, der Amazonas oder der Nil? Die Geografen sind sich nicht einig, weil sie unterschiedliche Messmethoden haben.«

Eine innere Stimme befahl mir, die Klappe zu halten, doch es war stärker als ich: »Also, bei der Wassermenge liegt der Amazonas deutlich vorn. Das steht fest. Aber es ist trotzdem irre, sich vorzustellen, dass er gewaltiger ist als die fünf Flüsse auf den Plätzen dahinter zusammen.«

Sie brach in Lachen aus, trank ihr Glas leer und küsste mich. Eine Nebenwirkung der Geografie, mit der ich niemals gerechnet hätte. In der Morgendämmerung schliefen wir ein, in einem Zimmer mit Blick auf die Themse, während wir einen Song mit dem Titel *The Tourist* hörten. Im Nachhinein kann man das als Vorzeichen sehen.

Diese einfache Begebenheit versöhnte mich wieder mit der Schöpfung, Dire Straits eingeschlossen.

Ich wusste etwas genauer, wer ich war, jemand, der allein unbekanntes Terrain betreten kann, weit weg von seinen Wurzeln, und der sich in einem neuen Umfeld zurechtfindet. Fortan war ich England etwas schuldig.

Ich konnte London beschwingten Schrittes und leichten Herzens verlassen. Auf dem Bahnsteig von Waterloo Station bat mich ein junger Punk um eine Zigarette. Im Weggehen murmelte er undeutlich »Danke, Mister«. Zuerst fragte ich mich, wen er meinte, dann griff ich nach meinem Spiralheft und notierte: »Hiermit erkläre ich feierlich meinen Eintritt ins Erwachsenenalter.« Ich riss ein paar Seiten heraus und verbrannte die Alexandriner meiner Jugend, um auf Haikus umzusteigen.

Woanders ist es gut
Es ist sogar
Besser

Ich hatte also einen triftigen Grund, meine Touristenlaufbahn in Großbritannien zu beginnen. London wollte ich lieber meiden. Ich kannte es bereits. Eine Weltmetropole, auf ihre Art genial, inzwischen ein Hotspot für Trader, mit unbezahlbaren Mieten. Mit dem Rest des Landes hatte London nicht mehr viel zu tun. Nein, ich wollte das echte England, das hässliche – Nordengland.

Im Osten von Leeds gibt es eine Gemeinde, von deren Existenz die meisten Menschen nichts ahnen. Einen Hafen, wo die Sonne nur eine vage Vorstellung ist, eine Proletarierstadt, wo Margaret Thatcher Satan und Tony Blair Judas ist. Ein fröhlicher Ort, der von der postindustriellen Krise vernichtet wurde und wo man Fremde daran erkennt, dass sie keine Tattoos haben und nicht an Leberzirrhose leiden. Liverpool ohne legendäre Rockbands, Manchester ohne Fußball. Über Hull macht sich ganz England lustig. Der Wikipedia-Artikel umfasst fünf Zeilen, ziemlich wenig für eine Stadt mit 250 000 Einwohnern. In dieser schillernden Metropole landete ich unter dem Vorwand, dass ein Kumpel mir sein radioaktives Sofa überließ – er war Student. Perfekt. Immerhin würde ich hier der einzige Tourist sein.

In Hull gibt es nichts zu *besichtigen*. Das Tourismusbüro schickt die Besucher zur Humber Bridge, die sich über den gleichnamigen Fluss spannt, und zum Jachthafen, der in eine Einkaufsgalerie umgewandelt wurde. Mitten aus diesem tristen Ozean ragt eine Insel hervor, die von Tausenden fremdartiger Wesen bewohnt wird, die kaum in die einheimische Bevölkerung integriert sind: die Universität. Der Campus ist so konzipiert, dass die Studenten sich in einer Art kosmopolitischer Autarkie bewegen können. Mittelschicht und Oberschicht aus aller Welt mischen sich hier, ohne Kontakt mit den Einheimischen aufzunehmen, die man für gefährlich hält. Letztere, das stimmt, hegen zuweilen gewisse Ressentiments gegenüber dem diplomierten Eindringling. Der typische Student döst in den Hörsälen vor sich hin, hängt auf den Wiesen ab, wenn das Wetter schön ist, bevor er in den Pub geht, wo er sich die paar Neuronen ruiniert, die er im Laufe des Tages erworben hat. Der Pub könnte also ein Ort der gesellschaftlichen Durchmischung sein. Doch man darf den Einfallsreichtum des universitären Städtebaus nicht außer Acht lassen, der einen Getränkeausschank direkt auf dem Campus eingeplant hat.

Ich wohnte bei meinem Kumpel Manu. Er kam aus der Picardie und arbeitete an seinem Doktor in Chemie, was ihn nicht davon abhielt, täglich sieben oder acht Joints zu rauchen. Er verließ das Haus in einem Poncho oder einer Dschellaba, Ranger Boots an den Füßen und Schweißbrille auf der Stirn. Völlig high kam er ins Labor, bereitete die Experimente vor, gönnte sich eine THC-Pause, während seine Reagenzgläser köchelten, und kam des Öfteren mit angesengten Dreadlocks nach Hause. Er war ein zuverlässiger Junge, der erfolgreich seinen Weg bestritt, um ein brillanter Forscher zu werden. Seine Studienleiter störten sich nicht an seiner exzentrischen Kleidung; sie fanden ihn fantasievoll.

Wenn er zu Hause losging, drehte Manu die Musik voll auf, damit er sechs Stunden später nach der Arbeit »an einen Ort voller Vibe zurückkam«. Er lebte in einem kleinen roten Backsteinhaus, das die Universität in der Cranbrook vermietete, einer Straße, die komplett aus kleinen roten Backsteinhäusern bestand, die die Universität vermietete. Er teilte sich die Wohnung mit einer Engländerin, die er sich nicht aus-gesucht hatte. Eleanor, ein nettes Mädchen, 1,90 m groß, mit langen braunen Haaren und Augen wie ein Maulwurf. Be-stimmt studierte sie irgendwas, doch niemandem kam es in den Sinn, sie zu fragen, was. Der Ausdruck »unvorteilhaf-tes Erscheinungsbild« scheint wie für sie gemacht. Aufgrund ihrer extremen Hässlichkeit entwickelte sie soziophobe Nei-gungen, sodass sie ganz allein in ihrem Zimmer Gin trank und sofort anfing zu zittern, wenn irgendeine unbekannte Stimme zu hören war. Sie war achtzehn Jahre alt, und ihre einzige Freundin war die Marke Philips. Ihr idealer Abend: eine Pizzabestellung nach Hause, Mädchenzeitschriften und dummes Zeug im Fernsehen, das sie sich im Schneider-sitz aus 50 cm Entfernung vom Bildschirm anschaute. Eines Abends überraschte ich sie dabei, wie sie den Fernseher strei-chelte, als eine Folge *Friends* lief. Sie redete mit ihm.

Meine Tage verbrachte ich damit, Flugblätter für das Stadt-theater zu verteilen, um so ein paar Pfund zu verdienen und die Gegend zu erkunden. Ich war gern in den Läden, wo die Verkäuferinnen die Kunden mit einem lautstarken *Hi Love* begrüßten. Die berühmte, durch Fish and Chips genährte Warmherzigkeit der Leute aus dem Norden. Ich nutzte die Gelegenheit, um meinem Englisch den letzten Schliff zu ge-ben, ein notwendiger Schritt zur Erlangung des Weltbürger-status. Dafür schlich ich mich manchmal in die Vorlesun-gen der Uni. Eine hielt ein junger, rundlicher Professor mit Hornbrille, der voller Leidenschaft über die Geschichte der Völkerwanderungen sprach. Ich war regelmäßig in diesem Hörsaal, denn die Vorlesung rechtfertigte mein Vorhaben.

Wir folgten den Schritten unserer Vorfahren, und die hatten einen stattlichen Weg zurückgelegt.

Der Homo sapiens hat als Nomade angefangen, ich war hocherfreut, das zu hören. Ausgehend von Rift Valley, breitet er sich in alle vier Himmelsrichtungen über die Erde aus, erobert den Fernen Osten, überquert das Beringmeer, lässt sich in Patagonien und in Périgueux nieder. Anfänglich ist er mit seinem behaarten Körper nur auf der Suche nach günstigen Lebensbedingungen mit reichhaltiger Nahrung und einer schützenden Behausung. Mit dem Aufkommen des Städtebaus bleibt der Mensch in aller Ruhe daheim, in seinen vier Wänden und ohne Fernseher. Gelegentlich bewegt er sich, um den Nachbarn auszuplündern und dessen Frauen zu vergewaltigen. Er treibt Handel mit nicht allzu weit entfernten Volksstämmen. Ab und an durchquert er einen kleinen Erdteil für eine Pilgerreise oder einen Kreuzzug.

Im Mittelalter hätten ein paar waghalsige Gemüter Anspruch auf den Titel des ersten Touristen erheben können. Marco Polo, Jean de Mandeville oder Ibn Battuta unternehmen lebenslange Reisen, um Landstriche zu betreten, die heute binnen weniger Stunden erreichbar sind. Sie besichtigen zwar, doch ihr Motiv ist teilweise kommerzieller Art. Das zählt also nicht.

Während der Renaissance beschleunigt sich der Rhythmus. Die Humanisten, Erasmus, Montaigne und Konsorten, entdecken die Freuden am Erkunden anderer Kulturen. Man reist von Ort zu Ort, um Bibliotheken unter die Lupe zu nehmen. Zur gleichen Zeit umrundet der europäische Mensch mithilfe seines technischen Fortschritts die Welt und glaubt, sich alles erlauben zu können. Er startet Expeditionen, von denen er Gewürze mit nach Hause bringt, und hisst die Flagge bei den Wilden (»Im 15. Jahrhundert musste man Amerika entdecken, um an Pfeffer zu kommen. Heute reicht es, wenn man beim Nachbarn klingelt«, merkte der Professor trocken an, um das Hirn seiner Zuhörer etwas auf Trab zu bringen). Zu jener Zeit taucht auch das Wort »Reisepass« auf, auch wenn der Tourismus noch erfunden werden muss.

Erst im 18. Jahrhundert, quasi gestern, tut sich eine Handvoll englischer Aristokraten zusammen, um aus reinem Vergnügen zu reisen. *The Grand Tour*, eine kulturelle Initiationsreise, ermöglicht es der damaligen Jeunesse dorée, sich zu bilden. Man lernt Sprachen, berauscht sich an Überresten der Antike, entdeckt die griechisch-lateinische Kultur direkt vor Ort. Junge, rotgesichtige Menschen fahren in Florenz voll auf Botticelli ab. Damals sind Frankreich, Spanien und Italien die meistbesuchten Länder. Das ist auch im dritten Jahrtausend noch so, in dem die gleichen jungen, rotgesichtigen Menschen auf Ibiza voll auf David Guetta abfahren. Weil im 20. Jahrhundert mehr Menschen reisen, wird der Gebrauch des Reisepasses überall eingeführt. Aus der Handvoll wird eine Vielzahl. »Der Zugang zum Reisen als reinem Vergnügen markiert einen zivilisatorischen Paradigmenwechsel«, schlussfolgert der Professor.

Als wäre es nicht schon genug, den Fußball, die Lokomotive und den perfekten Song erfunden zu haben, können sich die Engländer also auch damit brüsten, die Erfinder des Tourismus zu sein.

Manu verkündete, diesmal sei er an der Reihe. Dreimal wöchentlich, wenn der Pub der Uni Feierabend machte, arteten die abendlichen Zusammentreffen in *house parties* aus, bei denen man sich in Küchen quetschte, um dort Zigaretten in halb vollen Plastikbechern auszudrücken. Das brauchte man nicht groß anzukündigen. Es genügte, die Lautstärke etwas aufzudrehen, und schon kreuzte die ganze Cranbrook Avenue auf, nachdem sie sich bei Booze Buster mit ein paar Sixpacks Bier eingedeckt hatte. Kaum waren die ersten Gäste da, schnappte Eleanor sich panisch ihren Fernseher und ging auf ihr Zimmer.

Mike, ein fetter Amerikaner mit Basecap, der sehr darauf bedacht war, wie die Karikatur eines fetten Amerikaners mit Basecap auszusehen, schaffte es immer wieder, die Turntables für sich zu beanspruchen. Dabei berief er sich auf die Tatsache, dass er aus demselben Land wie Britney Spears kam. Oben stieß man häufig auf eine Ansammlung von Italienern und Griechen, die unter einem Che-Guevara-Poster schlechtes Shit rauchten. Während sie versuchten, ihre Ideen zum Sturz des Kapitalismus zu ordnen, tanzten die Mädchen unter der Fuchtel von DJ Mike. Sieg des imperialistischen Dancefloors.

Gegen zwei Uhr morgens bestand der Spaß der Wirtschaftsstudenten regelmäßig darin, die Räumlichkeiten mit dem Feuerlöscher zu verwüsten. Als sei das Teil ihres Lehrplans. Im Treppenhaus gab es Rennen in geklauten Einkaufswagen, im Backyard bildeten sich französisch-ungarische Paare. Bei diesen Vereinten Nationen der Feten kotzten die Nachkommen der Maharadschas einhellig mit den Kindern russischer Oligarchen. Ein Kuwaiter konnte mit einer Pulle Tequila, bei ihm tabu, vorbeikommen, die sich binnen weniger Minuten bei klirrenden Gläsern verflüchtigte. Laut

Manu, der als Chemiker dachte, bildete das alles zusammen einen explosiven und schöpferischen Cocktail.

Ja, man konnte in einen vorsichtigen Optimismus verfallen und sich einreden, dass diese jungen Leute in ein paar Jahrzehnten an die Macht kommen würden und dass ihnen von dem Studium in England und den dazugehörigen Orgien die gegenseitige Toleranz in Erinnerung bleiben würde. Eine im Entstehen begriffene Miniaturwelt, deren Bewohner neun Monate lang Zeit hatten, um möglichst viele Sexpartner anzusammeln, bevor sie gekrönt mit globalisierter Bildung nach Hause zurückfuhren. Sie waren die Nachkommen von Erasmus, die Erben der *Grand Tour* unter dem Einfluss von Wodka Red Bull. Auch ich widersetzte mich nicht und stürzte mich in dieses Konzert der Nationen.

Während ein Teil der Jugend sich die Leber ruinierte, machte sich ein anderer den Rücken kaputt. Die Luft war feucht, neun Grad, und man kann sich kaum vorstellen, wie sehr es stank (außer man stellt sich vor, im Inneren eines Pottwals einzuatmen, der vor sechs Wochen an der Pest gestorben ist). Das passiert, wenn man den erstbesten Job annimmt, der einem von der erstbesten Zeitarbeitsagentur angeboten wird. Hull ist ein Hafen. Da wird Fisch ausgeladen, und man braucht Leute, die ihn verpacken. Ein Großteil der Stadt arbeitet für die *fish factory*.

Ich trug gelbe Gummistiefel, Handschuhe und den vorgeschriebenen weißen Kittel. Eine Haube auf dem Kopf, ebenfalls vorgeschrieben. Ich versuchte, die Anweisungen meines Aufsehers zu verstehen. Das war nicht selbstverständlich, denn hier spricht man eine dem Englischen nur entfernt verwandte Sprache, die die Londoner kaum entschlüsseln können. Indem ich meine Kollegen beobachtete und all meine praktische Intelligenz zusammennahm, schaffte ich es trotzdem, zu verstehen, was man von mir erwartete. Den Fisch vom Fließband nehmen, in den Karton packen, diesen schließen und auf die Palette stellen. Das bekam ich hin. Ich hatte mich mental darauf vorbereitet. Der direkte Kontakt mit dem rauen Alltag der Proletarier aus dem Norden wird dir Mittelklassekind nicht schaden. Vor dir hat schon Jack London in einer Konservenfabrik gearbeitet und daraus Energie und Inspiration geschöpft. Mit den paar verdienten Pfund kannst du dir ein Flugticket für dein neues Ziel kaufen, wo der Geruch erträglicher sein wird.

Mit dem Enthusiasmus eines Anfängers, der darauf bedacht ist, alles richtig zu machen, ging ich ans Werk und konzentrierte mich auf die spielerische Seite dieser Tätigkeit. Ich stapelte die Kartons wie Legosteine, jedem gefrorenen Fisch flüsterte ich ein freundliches Wort zu, ich gab ihnen Spitznamen. *Le travail, c'est la santé.*

Nach einer Stunde hatte ich Krämpfe in den Armen, kaputte Trommelfelle vom Krach der Maschinen und den heftigen Wunsch, die Kommunisten zu wählen. *Germinal* ist nichts dagegen.

In den Pausen, zweimal zwanzig Minuten während eines achtstündigen Tages, knüpfte ich Kontakte. Logischerweise waren die meisten Arbeiter Engländer und entsprachen genau dem Bild, das man von nordenglischen Arbeitern hat. Tätowiert und mürrisch, vergessen sie ihre Scheißtage im Pub, wo sie ihren Lohn verbraten. Proleten eben, die die knappen

Kassen am Monatsende von Generation zu Generation weitergeben. Sogar vierzehnjährige Mädchen waren dabei. Ich nehme an, dass der Chef es mit dem Arbeitsgesetzbuch nicht so genau nahm. Rothaarige, pickelige Jugendliche mit Kapuze und Gangsta-Rap in den Ohren. Ein paar Studenten, die ihre Kippen finanzieren wollten. Spanische Saisonarbeiter. Und Flüchtlinge von weit her.

Azad hatte nur ein Hemd, aber das war immer sorgfältig gebügelt. Dünner Schnurrbart, scharfer Blick, ungefähr vierzig Jahre alt. Er kam aus Erbil, im irakischen Kurdistan. Eine Herkunft, die meine Neugier weckte, doch trotz seines exzellenten Englisch und unserer fischigen Vertrautheit (wir stapelten stundenlang nebeneinander Kartons) war er nicht sehr gesprächig. Eine tief sitzende Strenge umgab ihn.

Mein Nachbar zur Rechten an der Fertigungsstraße war da fröhlicher. Mohamed, ein lebhafter, junger Palästinenser, immer zum Scherzen aufgelegt. In jeder Pause machte er sich einen Spaß daraus, das Pausenbrot von Wei, dem einzigen Chinesen in der Fabrik, zu verstecken. Der war gerade erst angekommen, verstand kein Wort Englisch und wusste nicht, wie er reagieren sollte, wenn man sein Pausenbrot versteckte. Um seine gute Laune anzufeuern und das höllische Tempo zu halten, schüttete Mohamed große, randvolle Gläser Gin Orange, in einer Fanta-Flasche getarnt, in sich hinein. Er hatte Nablus aus wirtschaftlichen Gründen verlassen, vor allem aber wegen einer enttäuschten Liebe. Seine Jugendliebe war von ihrem Vater an »einen mit Petrodollars vollgestopften Saudi« verkauft worden. Er kam hierher, um es zu etwas zu bringen und um das Geld zu verdienen, das für die Entführung seiner Angebeteten nötig war. Ich weiß nicht, ob er wirklich an seinen Plan glaubte, ich weiß nicht einmal, ob seine Geschichte wahr war. Auf jeden Fall verschwand seine gute Laune, sobald er über dieses Thema sprach.

Mein dritter Flüchtlingskumpel war Afghane und hörte auf den Namen Khalid. Keine fünfundzwanzig Jahre alt, glatte schwarze Haare über einem schönen Gesicht mit ausgeprägten Wangenknochen, eine gekünstelte Sanftheit in der Ausdrucksweise. Er war aus zig verschiedenen Gründen aus Kabul geflüchtet. Zwei Jahre unterwegs gewesen, um im Land Elisabeths II. anzukommen, eine Reise, gegen die jene von Odysseus wie ein All-inclusive-Aufenthalt im Club Med erscheint. Durch den Iran gereist, wo man ihn wie einen Hund behandelte, von einem zum anderen Ende der Türkei gelaufen. Hatte die tosende Ägäis in einem Boot durchquert (»Wenn ich gewusst hätte, dass das so gefährlich ist, wäre ich da nicht eingestiegen«). Europa im doppelten Boden eines Lasters, neun Tage eingesperrt vor der Ausladung in Paris. Auf den Bänken in der Gare de l'Est geschlafen, sich in den Suppenküchen ernährt und dabei die Lichter von Sacré-Cœur angeschaut. Dann Calais, der Dschungel. Neue Schlepper. Neue Laster. Eine neue Überfahrt. London. Hull.

All seine Ersparnisse verschleudert, für alles oder nichts, Mafiosi reich gemacht, das Versteckspiel mit der Polizei auf zwei Kontinenten, Angst und Kälte. Und all das für ein Sklavendasein in Hull, das sich um den Titel der heruntergekommensten Stadt Europas bewirbt. Aber Khalid kannte kein Bedauern: »Lieber Arbeiter in Hull als tot in Kabul.« Eine klare Tatsache, gegen die kein Gesetz ankommt.

Diese drei und noch ein paar andere arbeiteten in der *fish factory*, vierzehn Stunden lang, sieben Tage die Woche. Als ich von den Arbeitszeiten erfuhr, riet ich ihnen, zu protestieren. Das haben sie nicht verstanden: »Man gibt uns Arbeit, obwohl wir keine Papiere haben, wir verdienen Geld, da werden wir uns nicht beschweren.« Es stimmt, sie hatten nicht wirklich eine Wahl.

Während der letzten Pause des Tages, als ich gerade eine wohlverdiente Kippe rauchte, hörte ich hinter mir ein dumpfes Geräusch. Ich drehte mich um und sah, wie Mohamed sich auf dem Boden wälzte. Er hielt sich an der Kehle und gab ein unappetitliches Röcheln von sich. Der Mann war dabei, zu ersticken.

Was tun? Ich erinnerte mich an eine Rettungsszene aus einem koreanischen Kampffilm. Ich holte einen Kuli aus meiner Tasche (den habe ich immer und überall dabei), nahm die Feder heraus und versuchte, Mohamed festzuhalten, um das Röhrchen in seinen Hals zu rammen. Ein Moment der Wahrheit. Ich glaube, einen echten Mann erkennt man daran, dass er einen Luftröhrenschnitt gelassen und erfolgreich durchführen kann. Azad kam rechtzeitig, um mich daran zu hindern, diesen armen Mann zu verstümmeln. Er drehte ihn auf den Bauch, schlang seine Arme um ihn und drückte mehrmals kräftig auf sein Zwerchfell. Mohamed spuckte schließlich einen Klumpen aus (was ich als ein Stück des von Wei gestohlenen Sandwiches identifizierte). Eine Minute später war sein Atem wieder normal und seine Gesichtsfarbe menschlich. Azad klopfte ihm auf die Schulter, sie wechselten ein paar Worte auf Arabisch. Der Retter entstaubte sein Hemd und vergewisserte sich, dass sein Patient sich gut erholte, bevor er an seinen Arbeitsplatz zurückkehrte.

»Na, du hast ihm eben das Leben gerettet.«

Er antwortete mir nicht, sondern machte sich daran, die Fische sorgfältig, aber irgendwie angespannt einzupacken.

»Wie hast du das gemacht? Hast du mal einen Kurs in Erster Hilfe belegt?«

Er unterbrach seine Arbeit, stieß einen endlosen Seufzer aus. Die gefrorenen Fische zogen weiter auf dem Fließband vorbei. Er wandte sich zu mir und brachte mit wütendem Blick und erschöpfter Stimme hervor: »Ich bin Arzt.«

Im Bus setzten sich die Leute um, möglichst weit weg von mir und dem hartnäckigen Fischgeruch, der mich wie eine Aura umgab. Zehn Kilometer bis nach Hause. Runtergekommene Siedlungen, in denen die Rothaarigen mit Kapuze ausstiegen, ein riesiger Tesco-Supermarkt, der ein Grund für Azad, Mohamed und Khalid, die Opfer der Geopolitik, war, ihr Glück in Europa zu suchen. Ich arbeitete in der Fabrik, um zu reisen. Sie waren viel, sehr viel gereist, um in der Fabrik zu arbeiten.

Ich kam in der Cranbrook Avenue an, am anderen Ufer der Globalisierung. Studenten schleppten Sixpacks Bier mit sich herum. Ich traf Eleanor, die wie ein Gespenst die Straße überquerte, unsichtbar trotz ihrer Statur. Sie sah zehn Jahre älter aus, als sie war. Ein Kind im Körper eines Grobians, verdammt zum Alleinsein in einer Welt, die die Hässlichen missachtet. Sie wird einen todlangweiligen Bürojob finden, eine Katze lieben, und ihr Leben wird die Farbe des Himmels über Hull haben. Eines Abends kam sie nach Hause, nachdem sie einen Abstecher in einen Pub gewagt hatte. Enthemmt vom Alkohol, vertraute sie mir ihre missliche Lage an: »Guck mal, da kauf ich mir ein schönes Kleid für sechzig Pfund. Aber nichts zu machen, die Typen wollen mich einfach nicht ficken.«

Das war traurig, und ich hatte keine Lösung.

Zu Hause warf ich meine Klamotten in die Waschmaschine. Ich duschte, bis der Boiler leer war. In Boxershorts setzte ich mich ins Wohnzimmer, wo Manu ein Kricketspiel ohne Ton anschaute und dabei Chopin hörte.

»Seit Jahren gucke ich nun diesen Sport, und ich verstehe die Regeln immer noch nicht.«

»Warum guckst du's dann?«

»Keine Ahnung. Hat so was Hypnotisierendes. Das ist zwar irre monoton, aber irgendwie auch schön. Ich denke, es fasziniert mich, gerade weil ich es nicht begreife.«

Ein Bierkorken zischte in eine Ecke des Zimmers.

»Ich glaube, ich verstehe das.«

Dort, wo der Korken gelandet war, entdeckte ich meinen Reisepass unter einem Stapel Zeitschriften. Ich blätterte ihn durch, er war noch fast leer. Ein europäischer Reisepass, der es mir aufgrund meines zufälligen Geburtsortes ermöglichte, jede beliebige Grenze zu überqueren. Dieses Privileg nicht zu nutzen, wäre eine unverzeihliche Verschwendung.

Kolumbianische Episode,

in der man sich fragt, ob man Angst haben muss

Meine Familie hat mir davon abgeraten, dorthin zu fliegen. Sie haben Angst, dass ich von der Guerilla entführt, für ein Paar Turnschuhe ermordet oder von einer Antipersonenmine in die Luft gejagt werde.

Ich glaube, es gibt zwei Kategorien Menschen, die ihr Zuhause nicht verlassen. Bei der ersten ist es einfach, es kommt ihnen schlichtweg nicht in den Sinn. Die anderen trauen sich nicht, weil sie das Unbekannte als eine Gefahr ansehen. Man darf ihnen das nicht zum Vorwurf machen. Aus der Ferne betrachtet, ist die Welt furchterregend. Aber ich glaube, wenn man darauf achtet, wo man hintritt, dann kann auch den Turnschuhen nichts passieren.

Seit einer Stunde bin ich auf kolumbianischem Boden, es ist Nacht, und ich werde jetzt bestimmt nicht schlafen gehen. Man kommt schließlich nicht zwei Mal zum ersten Mal nach Bogotá. Ich gehe ins erstbeste Hotel, werfe meine Jacke aufs Bett und tauche ein in die Stadt. Ich taste mich langsam vor, entlang einer schmalen, unbeleuchteten Gasse, wo Schatten in Lumpen herumirren. Fünfjährige Kinder ziehen an meinen Ärmeln, dabei müssten sie um diese Uhrzeit längst schlafen. Wie die meisten der südamerikanischen Großstädte schreit Bogotá seine sozialen Ungerechtigkeiten heraus und stinkt nach Pisse. Die Stadt stellt die üblichen aalglatten Angestellten und die von der Umweltverschmutzung schwarzen Häuser zur Schau, herumstreunende Hunde und Obdachlose, vom Klebstoffschnüffeln und vom Leid kaputte Zombies. Ich laufe nicht Gefahr, ausgeraubt zu werden, meine Koffer sind fehlgeleitet worden, irgendwohin Richtung Caracas.

Ralf meint, es ist eine gute Sache, wenn man sein Gepäck verliert: »Man muss sich selbst beklauen. Leichtigkeit begünstigt die Bewegungsfreiheit«, wirft er mir entgegen und trommelt dabei mit dem Zeigefinger auf den Tisch, um seinen Worten mehr Ausdruck zu verleihen.

Er ist ein großer, langer, rothaariger Kerl, mit milchiger Haut und einem durchdringenden Blick, den ich an der Hotelrezeption getroffen habe. Ein Saisonreisender. Sechs Monate pro Jahr im Ausland, sechs Monate zu Hause, in Österreich. Die Sommer verbringt er in Wien mit kleinen Jobs, um genügend Geld anzusparen, damit er im Winter wieder aufbrechen kann. Er reist in geografischen Zyklen. Gerade beendet er seine südamerikanische Phase, die fünf Jahre gedauert hat. Danach wird die arabische eingeläutet, bei der er zunächst sechs Monate in Kairo verbringen wird, um die Sprache zu lernen. Er kann sich nicht vorstellen, durch ein Land zu reisen, ohne die Sprache zu beherrschen. Anschließend wird er nach Marokko gehen, um in der dafür eben erforderlichen Zeit in den Irak zu gelangen. Er hat sich für diese Form der zeitweisen Rückkehr entschieden, um kein ewig Wandernder zu werden und als vereinsamter Vagabund zu enden. Er hat persönliche Bindungen, und das ist wichtig. Seit etwa fünfzehn Jahren lebt Ralf so, und niemand nimmt es ihm ab, wenn er sagt, dass er fünfundvierzig ist. Er scheint bei dreißig stehen geblieben zu sein. In einem früheren Leben war er Anwalt. Niemals musste er sich verteidigen, weder in Kolumbien noch anderswo, »denn neunundneunzig Prozent der Bewohner dieses Planeten sind keine Kriminellen«. Das Einzige, was ihm Angst macht, ist Unbeweglichkeit. Sein Alltag auf Reisen: Gymnastik in seinem Zimmer nach dem Aufwachen (um in Form zu bleiben), danach Frühstück, wobei er online Zeitung liest (für die geistige Fitness). Jeden Tag studiert er den Kurs der Rohstoffe, das ist sein Tick. Heute notiert Nickel mit 23,49 Dollar. Ich denke, ich kenne die Antwort bereits, aber ich stelle die Frage trotzdem: »Hast du einen Fotoapparat?«

»Nein, den brauche ich nicht. Wenn ich einen Ort wiedersehen möchte, der mir gefallen hat, dann muss ich nur dahin zurückkehren.«

Ralf wird mein Vorbild. Ich gebe ihm die Hand und wünsche ihm alles Gute für Venezuela. Wir tauschen unsere Adressen nicht aus – wir werden uns wieder über den Weg laufen, wenn es sein soll –, und entspannt lasse ich Bogotá hinter mir.

Fernanda lebt in der ersten Etage eines kleinen Hauses, das an den Abhang eines Wohnviertels gebaut ist. Wir haben einen gemeinsamen Freund, sie war damit einverstanden, mich ein paar Tage bei sich aufzunehmen. Zehn Minuten nach meiner Ankunft setzt sie sich aufs Sofa, um mir ihr Fotoalbum zu zeigen.

»Das bin ich im letzten Jahr.«

Eine Seite wird umgeblättert.

»Das ist direkt nach der Operation.«

Noch eine Seite.

»Und das bin ich heute.«

Auf den Bildern der letzten Serie posiert Fernanda in einem kurzen Kleid vor einem Wasserfall oder einer untergehenden Sonne. Gemessen an den lokalen ästhetischen Standards ist das sicherlich sehr gelungen, mit Lichtreflexen in Bonbonrosa. Ich denke, man kann nichts anderes von einem Hochzeitsfotografen erwarten, der auf reizvolle Privatbilder mitten im kolumbianischen Süden umgesattelt hat. Vom Anfang bis zum Ende des Albums hat sich die Größe der Brüste verdoppelt, die Beine sind kräftiger geworden, und die Zahnspange ist verschwunden. Es war ihr wichtig, mir das bei unserer ersten Begegnung zu zeigen. Ich bin nicht ganz sicher, welche Reaktion an dieser Stelle angebracht ist. Ich nehme mir noch ein paar Erdnüsse, um Zeit zum Überlegen zu haben, und gebe ein »Bravo, das ist sehr gelungen« von mir.

Fernanda hat nichts von einem selbstverliebten, schusseligen Modepüppchen. Sie ist achtunddreißig Jahre alt und Single. Weil sie nicht als alte Jungfer enden will, investiert sie in ihren Körper. Sie arbeitet als Sozialarbeiterin in einer Stadt, wo dieser Beruf weniger verbreitet ist als der des Profikillers.

Cali, die drittgrößte Stadt Kolumbiens, ist bekannt für ihr Kartell und ihren Salsa. Der Salsa ist ein afrikanisches Erbe. Ein Viertel der Bevölkerung ist schwarz, eine Ausnahme im Land. Das Kartell, das den Großteil des amerikanischen Kokains lieferte, wurde in den Neunzigerjahren ausgeschaltet. Das heißt nicht, dass der Ort wieder ruhiger geworden wäre. Das Verbrechen schreckt wie die Natur vor der Leere zurück.

Der *Tiempo*, die lokale Standardtageszeitung, veröffentlicht das Barometer der Sterblichkeit bei Verbrechen. Schlechtes Wochenende. Ein Dutzend Tote durch Gewalt. Und das sind nur die erfassten Fälle. El *Caleño*, die lokale Schundzeitung, zeigt tagtäglich auf der ersten Seite Großaufnahmen von zerplatzten Gehirnen auf dem Bürgersteig. Gute journalistische Arbeit: Die Fotografen sind vor der Polizei zur Stelle.

Fernanda erteilt mir eine Lektion. Solange man in den staatlich kontrollierten Gebieten bleibt, ist es relativ sicher. Lieber meiden sollte man die Viertel Siloé, Agua Blanca und Casa Nueva. In diesen Slums drängen sich Einwohner, die durch den vielgestaltigen Krieg vertrieben wurden, den sich Regierungen, Drogenhändler, FARC und paramilitärische Gruppen liefern.

Fernanda bringt mich, vielleicht weil ich die Auswirkungen der plastischen Chirurgie auf ihre Persönlichkeit zu schätzen wusste, gern nach Siloé. Sie wird im Viertel akzeptiert, jahrelange Annäherungsarbeit. Das Taxi hingegen weigert sich, uns dorthin zu fahren. Die Einfahrt zum Barrio wird von zwei Militärlastern bewacht. Nicht etwa, um Ordnung im Viertel zu schaffen, sie fahren gar nicht erst hinein, sondern vielmehr, um die Bad Boys daran zu hindern, in Banden auszuströmen. Siloé ist der Inbegriff einer von den Behörden verlassenen südamerikanischen Vorstadt. Wackelige Bauten am Hang eines Hügels, ein Treppenlabyrinth voller Kinder ohne Perspektive, Auseinandersetzungen zwischen Gangs über das strikte Einhalten ihrer Gebietsgrenzen, die tägliche Gewalt und der Trip, um sie auszuhalten.

Hier arbeitet ein Typ um die zwanzig, der sich Jack nennt. Jack hat gebleichtes Haar und etwas Weibliches an sich, aber niemand macht sich darüber lustig. Er trommelt eine Gruppe von zweihundert Leuten zusammen, die er in einem Gemeindesaal mitten im Viertel zum Tanzen bringt. Sein Credo steht auf einem Banner, das über einem zerbrochenen Spiegel baumelt: »Tanzen, um zu leben – Leben, um zu tanzen«.

Jack hat keinen einzigen Peso, um sein Programm umzusetzen. Überzeugung und Dringlichkeit sind seine einzigen Waffen: »Im Viertel gibt es neunzig Prozent Arbeitslosigkeit. Der einzige Ausweg ist der Tod oder das Gefängnis. Aber damit will ich mich nicht abfinden. Diese jungen Leute müssen beschäftigt werden. Eine Tanzschule ist vor allem eine Schule.«

Jack und seine Schüler improvisieren ein paar Schritte zu der Musik aus einem Kassettenrekorder, der überlebt hat. Man sollte das Adjektiv »verblüffend« nicht überstrapazieren. Ich verwende es hier daher mit voller Absicht: Die Darbietung ist verblüffend. Die Körperbeherrschung, die Schnelligkeit und die Grazie. Diese Kinder tanzen nicht, sie fliegen. Ich schaue mir die zwei Stunden Training an, die Kleinsten werden von den Größeren angeleitet – niemand ist älter als zwanzig. Jack steuert das Ganze mit einem Charisma und einer Autorität, die seinem Lächeln keinen Abbruch tut. Dieser Typ ist das reinste Bündel an positiver Energie. Ansteckende Lebenslust in einem tödlichen Umfeld. Wie eine Rose auf dem Misthaufen.

Dann kommt der unausweichliche Moment, die Bewährungsprobe. Ich soll meine Fähigkeiten als Salsero zur Schau stellen. Ich rühme mein Rhythmusgefühl, aber Salsa ist ein schwieriger Tanz, und ich bin der einzige Weiße im Raum. Ich wage ein paar Bewegungen, mit denen ich mich unter allgemeinem Beifall lächerlich mache. Die Tanztruppe prustet, Fernanda kreischt vor Lachen, ich habe den Test bestanden.

Ich wechsele ein paar Worte mit einem kleinen Tänzer in Puma-Trainingsanzug und löchrigen Schuhen. Freundlich, normal, gerade erst erwachsen. Fernanda wird mir später erklären, dass er Sicario war, bevor er sich auf den rechten Weg des Salsas begab. Vielleicht hat er schon getötet.

Auf mich wirkt es wie ein Wunder, dass Jack hier Leiter einer Tanztruppe werden konnte. Die Drogenhändler neigen ja dazu, Homos umzulegen, und er ist offensichtlich schwul. Doch unter seinen blonden Strähnen strahlt er eine urtümliche Männlichkeit aus, und das flößt Respekt ein.

Jack klatscht in die Hände, um das Ende der Pause einzuläuten. Alle müssen sich wieder an die Arbeit machen, er hat Großes vor. Diese Schule wird weltweit bekannt, davon ist er überzeugt: »Morgen kann nur besser werden als heute.«

Ich antworte nicht, und Jack spürt die Zurückhaltung in meinem Schweigen. Für eine Zehntelsekunde verdunkelt sich sein Gesicht, er dreht sich einmal um die eigene Achse und zeigt mir dann sein Showlächeln: »Träumen kostet nichts, *compadre*.«

Als das Training zu Ende ist, ist es schon dunkel. Die Tänzer kehren auf die Hügel des Viertels zurück, ich muss mit Fernanda zurück in die Stadt laufen. Dabei muss man bedenken: Sie sieht sehr schlecht. Bei schwachem Licht ist sie fast blind. Sie muss meinen Arm nehmen, damit sie nicht stolpert. Ich bin nicht wirklich gelassen. Mein Gringogesicht und der Fotoapparat sind sicherlich nicht unbemerkt geblieben.

»Keine Sorge, du hast doch mich. Und man hat gesehen, dass du bei Jack warst.«

Morgen werden die zerfetzten Gehirne auf den Bürgersteigen die Zeitungen schmücken. Ungestört durchquere ich das Viertel und verdanke meine Unversehrtheit einem jungen Homosexuellen und einer sehbehinderten Frau.

Einer dieser kleinen, lächerlichen Züge, die Familien in die Fußgängerzonen der schlimmsten Touristenorte kutschieren. Auf gar keinen Fall steige ich da ein, das ist eine Frage der Würde. Doch Fernanda lässt mir keine Wahl und drückt mich mit aller Kraft in das teuflische Gefährt. Eine Gruppe noch pickeliger, aber schon betrunkener Gymnasiasten zappelt in den Waggons herum. Der Fahrer geht durch die Reihen und verteilt an alle Mitfahrer ein Fläschchen Billigrum. Der ist im Ticketpreis enthalten. Aus den Lautsprechern tönt ein fetter Reggaeton. Schreie der Schüler. Motorenlärm. Die Falle ist zugeschnappt, ich kann nicht mehr zurück.

Ich bin in die Salsoteca-Tour eingestiegen. Diese Tour bringt uns nach Juanchito, der Vorstadt von Cali, wo sich riesige Discos aneinanderreihen. Eine Partymeile, alles in schrillen Neonfarben, überfüllte Salsaschuppen neben ruhigeren, aber ebenso kitschigen Clubs. Eine halbe Stunde pro Haltestelle, Zeit für einen Drink und zwei Songs zum Tanzen, bevor es weitergeht in den nächsten Laden. In Baracoa, wo die Klientel ziemlich reich ist, bittet Fernanda mich, die Blondinen mit großen Brüsten möglichst nicht anzu-

schauen. Was ich aus ihrem Mund als etwas unpassend emp-
finde, da wir uns ja kaum kennen. Doch das ist die Über-
lebensregel. Die aufgetakelten Tussis sind die Frauen der
Dealer: »Es sind schon viel zu viele Typen wegen eines Blickes gestorben, der falsch gedeutet wurde.«

Ich bin skeptisch. In diesem kolumbianischen Unsicher-
heitsgefühl steckt sicherlich ein Stück urbane Legende. Sie
lacht böse und packt mich am Arm: »Urbane Legende, meinst
du echt? Willst du eine wahre Geschichte hören? Eines Tages
ist meine Kollegin nicht ins Büro gekommen. Sie haben sie
auf einer Kreuzung ermordet, weil ihr Macker einem Boss
Geld schuldete. Weißt du, hier gibt's nur wenige Familien,
die es noch nicht erlebt haben, dass einer ihrer Verwandten
umgebracht wurde.«

»Wir können nicht alle Morde in der Zeitung erwähnen, dafür reicht der Platz nicht«, seufzt der Journalist.

Andres ist um die vierzig, schlecht rasiert und kommt zu
spät zu unserem Termin, mit seinem Motorradhelm in der
Hand. Er ist Ressortleiter beim *Colombiano*, einer nationalen
Tageszeitung. Um in die Redaktion zu kommen, musste ich
durch eine Straßensperre mit bewaffneten Wachen, Hunde-
führern, Metalldetektoren und Stacheldraht.

Das hier ist Medellín. Die frühere Hochburg von Pablo
Escobar. Eine große, moderne und dynamische Stadt, die
Mühe hat, sich von dem Gespenst des Mafioso zu befreien.
Von einer Legende ist die Rede. Der größte Gangster aller
Zeiten, ein Typ, der aus einer Mittelklassefamilie stammte
und zu einem der reichsten Männer der Welt wurde. Auf sei-
ner Erfolgsliste: die Erfindung des Drogenterrorismus, vier-

tausend Morde, aber auch soziales Engagement und unerschütterliche Beliebtheit.

»Als er noch lebte, lief es hier besser, wir hatten das beste Koks der Welt, und das Geld floss in Strömen. Die ganze Stadt hat davon profitiert.«

Der Fürsprecher des Teufels heißt William. Inbegriff des lateinamerikanischen Machos, ordentliche Wampe und Messer am Gürtel. Sobald ich den Namen Escobar in seinem Taxi erwähne, legt er los: »Ich war bei seiner Beerdigung, da waren Tausende weinende Menschen. Er war ein großer Mann. Willst du zu ihm fahren?«

Ich nehme das Angebot an, das ich auch einfach hätte ablehnen können, und William freut sich, mich zum Friedhof zu fahren. Das 1993 geschlossene Grab ist mit Blumen bedeckt. In die Baumrinde sind Schriftzüge eingeritzt, die den *Patrón* rühmen. William bekreuzigt sich und schlägt mir vor, weiter ins Barrio Escobar zu fahren. Fünfhundert Häuser für die Armen, erbaut mit dem Geld vom Boss auf den Hügeln von Medellín.

»Wenn du was Schlechtes über ihn sagst, wirst du umgebracht.«

»Ich glaube, du übertreibst.«

»Willst du das testen?«

Wir halten bei Williams Cousin an, der fett und arbeitslos ist. Er macht uns einen Kaffee. Über dem angeschalteten Fernseher thront, nicht weit von einem Jesusporträt, das von Escobar, ich trinke meinen Kaffee und sage nichts Schlechtes über niemanden.

Sobald man die Großzügigkeit des Drogenhändlers erwähnt, schimpft der Journalist los: »Ja, er war in der Tat großzügig, aber dabei ging es nur um die Außenwirkung. Das Schreckliche daran ist, dass er heute von den jungen Leuten vergöttert wird. Als Beispiel dafür, wie man leicht zu Geld kommt. Das hat einen gefährlichen Einfluss auf die Armen, aber auch auf die dekadente, reiche Großstadtjugend, die mit ihm einen Gesetzesbrecher zum Vorbild erklärt.«

Andres hält kurz inne, um seine dritte Marlboro innerhalb von zwanzig Minuten anzuzünden.

»Die Leute sehnen sich nach einem goldenen Zeitalter, das es nie gegeben hat. Was mir Sorgen macht, ist, dass man in zehn oder zwanzig Jahren seine Verbrechen vergessen haben wird und lediglich das Bild des Volkshelden übrig bleibt. Auch wenn man es als Journalist unter Pablo Escobar alles andere als leicht hatte, das können Sie mir glauben.«

Das glaube ich gern und denke wieder an die Maginot-Linie, die die Büroräume der Zeitung schützt. Andres wischt sich einen Schweißtropfen von der Stirn.

»Im Endeffekt ist es heute besser, die Investoren sind zurückgekommen. Wissen Sie, wir sind ein entwickeltes Land, mit Arbeitskräften und einem guten Bildungsniveau. Ganz anders als Peru oder Bolivien, die am Abgrund stehen.«

Ich nicke und notiere sorgfältig in mein Heft: *Peru und Bolivien stehen am Abgrund. Kolumbien ist schon einen Schritt weiter.*

Mehr als fünfzehn Jahre nach seinem Tod macht Pablo Escobar in Medellín immer noch Geld. Ein Pluspunkt für den Tourismus. Einige besichtigen Auschwitz oder Tschernobyl, Orte der Toten, um bei diesem *dark tourism* intensive Gefühle zu erleben. Hier bietet eine Agentur die Botero-Tour an – ein anderer Sohn der Stadt –, einen Gleitschirmflug und die echte Pablo-Escobar-Tour für sechsundneunzig Dollar, die sich nicht um pädagogische Aspekte schert. »Ein einzigartiger Blick auf den größten Verbrecher der Welt«, beteuert die Werbung. Zu Ihrer Linken das Gebäude, das Pablo in die Luft jagen ließ und damit x Menschen tötete. Zu Ihrer Rechten Los Olivos, das Viertel, in dem er sich auf dem Dach dieses Hauses abknallen ließ, usw. Das Verbrechen als Mehrwert für den Tourismussektor. Da kann Botero nicht mithalten, der keine einzige Legende als Skulptur verewigt hat.

In seinen Glanzzeiten ließ sich Escobar einen Zoo auf seiner Hacienda errichten, mit Giraffen und Elefanten als Haustieren. Heute ist die Hacienda Nápoles ein Themenpark. Der Eintritt kostet 29 000 Pesos, und man kann dort noch die Nilpferde von Pablo Escobar anschauen.

Dieser Bus macht in jeder Hinsicht einen guten Eindruck. Ich habe schon schlimmere gesehen, Klapperkisten und welche ohne Federung. Guten Mutes suche ich mir einen Platz und bereite mich auf eine Nacht vor, die zwar nicht komfortabel sein wird, mir dafür aber garantiert, dass ich am nächsten Morgen wieder aufwache. Ein Detail habe ich noch vergessen. Ein sechstausend Kilometer langes Detail, das mich als weiß-brauner Schweif auf den Landkarten von Südamerika schon immer faszinierte: die Kordilleren.

Die Steigung ist kein Problem. Wir schrauben uns Serpentine um Serpentine hinauf. Friedlich wiegt mich das Hin und Her des Busses in den Schlaf, und ich habe süße Träume.

Beim Aufwachen neigt sich alles nach vorn. Der Bus fährt

schon wieder abwärts. Im Schritttempo. Bremst plötzlich. Hält ein paar Augenblicke. Beginnt, komisch zu schleudern. Wenn man aus dem Fenster schaut, sieht man rein gar nichts. Schwarze Nacht und dichter Nebel. Erneutes Schleudern. Das Gefälle ist gewaltig. Man sieht nichts, aber fest steht, dass die Straße nicht befestigt, holprig und zu schmal ist. Und dass eine Felsschlucht auf uns wartet. »Zu dieser Jahreszeit sollte man diese Straße nicht nehmen, die Regenfälle haben sie beschädigt, das ist gefährlich.« Vielleicht hätte ich Fernandas Rat ernst nehmen sollen.

Kein Grund zur Sorge. Der Busfahrer ist ein Profi, er wird schon wissen, was er tut. Er fährt die Strecke dreimal pro Woche. Die Leute von hier sind das gewohnt, sie machen sich keine Sorgen. Mit diesen Gedanken bin ich beschäftigt, als ich merke, dass mein Sitznachbar betet. Eine Frau weint. Eine andere beginnt zu schreien: »Halten Sie an, lassen Sie uns raus, das geht niemals gut.«

Der Fahrer, womöglich verärgert über die Zweifel an seinen Fähigkeiten (südamerikanischer Chauvinismus), entscheidet sich dafür, ein bisschen auf das Gaspedal zu treten, anstatt zu antworten. Mindestens eines unserer Räder hängt über dem Nichts. Zum ersten Mal in meinem Leben ziehe ich einen plötzlichen Tod in Betracht. Drei Zeilen auf der vorletzten Seite der Zeitungen: *Busunfall in Kolumbien: 41 Tote, darunter ein Franzose.*

Die Passagiere stöhnen und kreischen. Der Bus gerät wieder ins Schleudern.

Solange ich die Leute beten höre, bin ich am Leben.

Cartagena ist eine Kolonialstadt, die sich dadurch auszeichnet, dass sie mit ihren Stadtmauern und gepflasterten Plätzen hübsch aussieht und zum UNESCO-Weltkulturerbe gehört. Einer der wenigen Orte des Landes, die den klassischen Tourismusansprüchen gerecht werden. Das Meer ist nicht weit, Verliebte küssen sich. Die Kühle der Andenpässe geht im feuchten Karibikklima unter. Ein angenehmer und harmloser Ort, den ich öde finde. Mein Adrenalinspiegel sinkt offenbar gerade.

Was man der Stadt zugutehalten muss, ist ihr vollständiger Name, nämlich Cartagena de Indias, der, wenn man ihn richtig ausspricht, zu den zehn schönsten Städtenamen gehört. Zwar nach Ouagadougou, aber nur knapp dahinter.

Ganz in der Nähe ragt der Totumo in den Himmel. Man kann nicht anders, als beim ersten Anblick enttäuscht zu sein. Man weiß ja, dass einen nicht der Krakatau erwartet, aber echt, ein Vulkan muss doch einschüchternd sein, den Menschen mit seinem qualmenden Schatten und seiner unterschwelligen Bedrohung überwältigen. Der Totumo ist ein zwanzig Meter hoher Erdhügel, beinahe lächerlich. Ein Minivulkan. Dieses Ding hat sicherlich noch niemanden getötet. Man besteigt ihn über eine Holztreppe, deren Zugang von einer kleinen, alten Frau bewacht wird, die sich um das Eintrittsgeld kümmert. Nach einer Minute Aufstieg – jedem seinen Mount Everest – erreiche ich den Gipfel des Monstrums.

Der Krater ist ein kleines Schlammbecken. Es wird von zwei Dorfbewohnern in Badehosen bewacht, die den Badenden Massagen anbieten. Das Gebräu aus Phosphaten und Magnesium, das hier schlummert, soll dermatologische Wirkungen haben. Ich tauche in den Tümpel ein, und die schleimige, körnige Brühe verschlingt mich. Die Masse ist so dickflüssig, dass sie nicht von mir heruntertropft, ich verwandele mich in einen Golem. Ein warmes, vollkommen neues, beruhigendes Gefühl. Ich denke zurück an die Talfahrt mit dem Bus, an den Geschmack des Kaffees, den es an der Tankstelle gab, als der Fahrer pfeifend die beiden Hinterräder wechselte, deren Reifen nicht mehr zu gebrauchen waren.

Einer der Badewächter sagt einen Satz, ich lächele ihm zustimmend zu, in Wirklichkeit habe ich kein Wort verstanden. Der Schlamm verstopft meine Ohren und beschert mir einen Moment der Stille. Nach der Aufregung der letzten Tage genieße ich diese hundert Sekunden Einsamkeit in vollen Zügen. Ich bade in einem Vulkan, hier gibt es keinen Boden. Unter meinen Füßen: das Erdinnere. Ich schwebe über der Hölle.

Ich bin nun seit einigen Wochen in Kolumbien, und kein einziges Mal hatte ich Angst. Auf den Gebirgspässen schon, ja, aber nicht auf der Straße. Man hat mich nie blöd angemacht, schief angeguckt und mir erst recht nicht die Fresse poliert. Ich habe sogar ehrliche Taxifahrer getroffen. Und ich habe immer noch meine Turnschuhe. Wenn ich hier ohne einen Kratzer abreise, dann kann ich überallhin gehen.

Die Kolumbianer leiden unter der Gewalt, aber auch unter dem Ruf, der ihrem Land dadurch anhaftet. Deshalb legen sie sich auch mächtig ins Zeug, um den Fremden, der extra herreist, angemessen zu empfangen. In puncto Gefährlichkeit schwanken die Empfehlungen zwischen Paranoia und Abstreiten. »Geh ja nicht allein auf die Straße« oder »Aber nein, hier ist es nicht gefährlicher als anderswo«. Doch, hier ist es gefährlicher als anderswo. Die Zahlen sind grausam. Kolumbien bleibt die weltweite Nummer eins im Totschlag. Das allein ist aber noch kein Grund, nicht auf die Straße zu gehen. Dort wird gelacht, dort wird gelebt. Ja, man hat tatsächlich Spaß in Kolumbien. Wenn die Discos schließen, dreht man eben ein Autoradio voll auf und macht seine eigene Party.

Wenn der Tod umgeht, antwortet das Leben. Es jubelt angesichts der Aussicht, jederzeit beendet zu werden. Also tanzt man weiter auf der Straße, trotz der Guerillas, der Entführungen, des Organhandels, der Drogen, trotz Shakira. Denn ungeachtet ihrer ewigen und alltäglichen Katastrophen haben die Kolumbianer weniger Angst als ihr.

Indisch-nepalesische Episode,

in der man bei Buddhas Mutter zu Abend isst

Am Ende dieser Episode wird man endlich wissen, ob es Gott gibt. Mir ist klar, diese Aufgabe wird nicht leicht sein, doch ich habe mir in den Kopf gesetzt, Buddha zu begegnen, der anscheinend gerade in den Ausläufern des Himalajas wiederaufgetaucht ist. Auch wenn es schiefgeht, kann es nicht schaden, einmal in die angeblich gewaltfreie Spiritualität des Orients einzutauchen, zu einer Zeit, in der die Lehren des Monotheismus den Weg für die Apokalypse ebnen. Ich befinde mich nicht auf einer spirituellen Suche, deshalb fühle ich mich gefeit gegen jegliche Form der Offenbarung. An Gott interessiert mich vor allem, was die Leute aus ihm machen.

Ab dem Flughafen wird man von den Düften Indiens aufgesogen, Weihrauch, Gewürze und Scheiße. Die Ankunft in Bombay hätte von Céline beschrieben werden müssen. Man stelle sich vor, die Menschen in dieser Stadt liegen familienweise zusammengedrängt in Menschentrauben auf nicht vorhandenen Gehsteigen auf der Erde, strampeln sich im Elend ab, im Kampf um einen Platz zum Leben und gegen das Kastensystem, zwischen Abgasen und Ratten. In Bombay wimmelt es. Die Stadt ist vollgestopft und hektisch. Privatsphäre gibt es nicht, immer ist jemand auf deinem Quadratmeter.

Ich bin eingequetscht auf einer Kreuzung, in einem irrsinnigen Stau, keine Möglichkeit zu entkommen. Ein Mann spricht mich an und wedelt dabei mit eitrigen Stümpfen vor meiner Nase herum. *Money, money.* Ich durchwühle meine Taschen. Will ihm so schnell wie möglich eine Handvoll Münzen geben, um das Schauspiel zu verkürzen. Ich halte kurz inne. Wie soll ich dir diese Münzen denn bitte geben, Mann? Du hast keine Hände. Der Bettler, der das wohl gewohnt ist, schüttelt auffordernd den Kopf und schiebt seine Unterarme aneinander. Dort lege ich meinen Obolus hinein. Er geht weg, ohne auch nur eine Münze fallen zu lassen.

Die Szene spielt sich ein paar Hundert Meter vom Taj Mahal Hotel entfernt ab, dem luxuriösesten im ganzen Land. Ich schleiche mich in den Nachtclub des Palastes. Hier, fernab der Lepra, tobt eine in Prada gehüllte Jugend, säuft Cocktails, deren Preise selbst für einen Staatsangehörigen der Eurozone unerschwinglich sind. Ich stelle fest, dass die Gesetze der großen, internationalen Tussiszene im Land von Gandhi genauso gelten wie in dem von Paris Hilton; die Prinzessinnen mit glitzernden Kleidern und verführerischem Lipgloss interessieren sich nur für Inhaber von Platinkarten.

Ich flüchte, um auf der Matratze eines fensterlosen Zimmers in einem schäbigen Guesthouse zusammenzubrechen. Viel länger hätte ich tatsächlich nicht bleiben sollen. Etwas später wird ein Terrorkommando ins Taj Mahal gehen und ein paar Dutzend Menschen ungeachtet ihrer Kastenzugehörigkeit abschlachten.

Im Bus stecken etwa vierzig blasse Gesichter, die meisten sind skandinavische Backpacker. Wie sie bin auch ich am Vorabend auf der Straße im Viertel Colaba rekrutiert worden. Ein inoffizielles Casting für Bollywood. Wir wurden angeworben, um bei einer Riesenproduktion mitzuwirken. Nach zwei Stunden Stau erreichen wir das Studio in einem Vorort der Stadt. Bei der Kostümausgabe kriege ich eine auf links gedrehte Schaflederjacke ab, die in Kombination mit meiner Baggy und meinen Converse toll zur Geltung kommt. Wir werden eingewiesen. Die Szene, die wir gleich drehen, findet in einer Diskothek statt. Die Handlung spielt in London, deshalb brauchen sie ein paar Weiße im Hintergrund. Unsere Rolle ist einfach, sie besteht darin, zu tanzen, wenn der Regisseur *Action* schreit.

Unter meinen Komparsen sind einige Expats, die ihr Monatsende mit solchen Drehs aufbessern, russische Tänzerinnen, die mitten in die weltweit größte Filmindustrie ausgelagert wurden. Scharen von Wannabitches aus der Gegend verausgaben sich, damit der Regisseur sie entdeckt, und überbieten sich gegenseitig in sinnlich-arrogantem Gehabe. In den kurzen Pausen versuche ich, den Sexbomben von Bombay näherzukommen. Doch wie im Club vom Taj Mahal gibt es auch hier kein Durchkommen zu den Reichen und Schönen, die bestrebt sind, durch Verachtung zu zeigen, dass sie dem Westen in nichts nachstehen. Wenn ich mehr Zeit gehabt hätte, dann hätte ich sie nach ihrer Meinung zu Kushboo gefragt, der Schauspielerin, die sich für Sex vor der Ehe ausgesprochen hat, in diesem Land, in dem drei Viertel der Männer sich weigern, eine Frau zu heiraten, die keine Jungfrau mehr ist. Der Vorwurf des Filmstars zog den vereinten Zorn der hinduistischen und muslimischen Extremisten auf sich, die sich normalerweise lieber gegenseitig niedermetzeln.

Ich beschließe, meine Filmkarriere zu beenden – selbst von hier aus höre ich, wie De Niro vor Erleichterung aufatmet. Sie hat mir sieben Euro eingebracht und die Freude, anderthalb Sekunden lang im Bild hinten rechts auf einer DVD zu sein, die ich ein paar Monate später in einem Laden an der Gare du Nord entdecken werde.

Die Haji-Ali-Moschee liegt auf einer Insel, die man nur bei Niedrigwasser erreichen kann. Ein indischer Mont-Saint-Michel mit Marmorpfeilern. Vor den Türen des Gebäudes bereiten Männer ein Gericht in einem riesigen, gusseisernen Kochtopf zu, für ein religiöses Fest, das am Abend stattfinden wird. Der Koch bietet mir an, das Gebräu zu kosten, ein abartiges Ragout in ungenießbaren Farben. Ich lehne höflich ab, mein Magen ist schon empfindlich genug nach dem Spektakel, das sich mir auf dem Damm zur Moschee bot. Dutzende von Bettlern liegen dort auf dem Boden. Man darf sie nicht für faul halten. Sie haben keine Beine. Oder keine Arme. Um in den Kreis aufgenommen zu werden, muss man weniger als drei Extremitäten haben. Einige können nicht einmal aufrecht sitzen. Menschen mit schweren Brandverletzungen. Blinde. Von Insekten bevölkerte Wunden. Diese Menschen, die Krüppel, verbringen ihren Tag damit, Gott zu preisen. Natürlich, um Almosen zu erhalten. Aber nicht nur. Ihre Stimmen klingen voll und ehrlich, vielleicht, weil sie sonst nichts haben. In diesen Gesängen steckt Glaube. Der Glaube ist das, was bleibt, wenn man keine Beine mehr hat.

Ich habe Storys von jungen Engländern gehört, die bei ihren Eltern ausgezogen sind, um in Indien humanitäre Hilfe zu leisten, und nach drei Tagen wieder zurückgekommen sind, traumatisiert von der Realität des Elends, die nichts mit den Bildern des Elends zu tun hat. In dieser Stadt kann man das Elend unmöglich ausblenden, hier muss man aufpassen, nicht auf Neugeborene zu treten, die auf dem Asphalt schlafen. Auch mich hat humanitäre Hilfe gereizt. Aber die Hilfsorganisation wollte mich nicht. Ich bin weder Mediziner noch Ingenieur. Ich dachte, ich wäre geeignet für die Alphabetisierung, man antwortete mir, dass ich nicht die erforderlichen Abschlüsse besäße. Von mir aus. Wenn ich die Welt nicht retten kann, werde ich eben von ihr erzählen.

»Das Elend lässt dir keine Wahl, das muss man akzeptieren, wenn man ankommt«, warnte mich ein befreundeter Franzose vor, der in Bombay lebt. Er erklärte, dass Akzeptieren nicht Resignieren bedeute, und er setzte weiter alles daran, angemessene Unterbringungen für die Melker von Büffelkühen zu organisieren, damit diese nicht länger zusammen mit ihrem Vieh in den Milchbauernhöfen der Elendsviertel schlafen müssen. Ich vermutete erst, er sei plötzlich unter die Poeten gegangen, als er diese Stadt mit dem Gedicht *Aas* von Baudelaire verglich. Doch das Bild stimmt. Das erdrückende und schmerzerfüllte Bombay trägt trotz allem eine geheimnisvolle Schönheit in sich, diese Art Schönheit, vor der wir wegrennen, aus Angst, dass sie uns verschlingt.

Es ist ein Fehler, in Indien nicht den Zug zu nehmen. Hier kann man den Durchschnittsinder treffen, der einen unentwegt fragt, ob man verheiratet ist, und das halbe Land zum

Preis eines Pariser Croque-Monsieur durchqueren. Es ist ein Fehler, zu glauben, es sei einfach, ein Zugticket in Indien zu kaufen. Das Erbe der englischen Bürokratie gepaart mit der Bevölkerungsdichte steigert die Anzahl der Schalter bis ins Unermessliche. Aber nicht verzweifeln angesichts der Warteschlangen und der Beamten, die so hilfsbereit sind wie Gefängnistüren. Eine Bahnfahrt in Indien ist diese Unannehmlichkeiten tausendmal wert, denn sie bietet visuelle Eindrücke, die einem LSD-Trip ähneln. Eine Demonstration, mit Transparenten und grölenden Menschen, um zwei Uhr morgens, in einem Bahnhof mitten im Nirgendwo, kleinwüchsige fliegende Händler in den Waggons, sechs Personen auf einem Motorroller, der parallel zu den Schienen fährt, Kühe, deren Hörner in den Farben der Nationalflagge angemalt sind und die geduldig auf den Bahnsteigen warten.

In Pushkar ist der Konsum von Alkohol, Fleisch und sogar Eiern verboten. Heilige Stadt. Optisch ist sie nahezu perfekt. Weiße Häuser stehen um einen niedlichen kleinen See herum, wo sich die Pilger auf den Ghats waschen. Keine Autos. Eine mystische Ruhe, die kaum gestört wird durch die Touristenmeuten und Kundenfänger, derer man sich nicht entledigen kann, außer man verbrennt sich selbst.

Auf dem Gipfel eines Hügels überragt ein Tempel das Ganze – immer schön den Überblick behalten. Ich steige nach oben, mit dem geruhsamen Schritt des unbeschwerten Wanderers, der seinen Blick über die hügelige Landschaft Rajasthans schweifen lässt. Als ich oben ankomme, setze ich mich auf die Treppenstufen vor dem Gebäude, um die Landschaft zu genießen, als:

ICH AUF BRUTALE WEISE VON EINER HORDE WUT-
SCHÄUMENDER AFFEN ANGEGRIFFEN WERDE.

Der Fehler: Ich öffne den Plastikbeutel, der mein Lunch-paket enthält. Die kleinen Teufel kennen das Geräusch in- und auswendig. Plastik = Essen. In weniger als drei Sekunden nähern sich mir vier wendige und flinke Affen, wobei sie eine Einkreisungsstrategie anwenden, die sich über Millionen von Jahren im Kontakt mit Touristen bewährt hat. Keine Pinseläffchen. Große Affen. Gut einen Meter groß und mit Drohgebärden.

Ich stehe auf, um sie mit meiner Statur zu beeindrucken, ich bin größer als sie.

Sie sind nicht beeindruckt.

Ich schlage mit den Armen um mich, um sie mit meiner Reichweite eines Homo sapiens zu beeindrucken.

Sie sind überhaupt nicht beeindruckt.

Zudem besitze ich nicht die Geistesgegenwart, mich zu erinnern, dass ich am Ende eines meiner Arme das Objekt ihrer Begierde halte. Der Mutigste von ihnen nimmt mir mit einem blitzschnellen Prankenhieb meine Kekse ab und rennt in Affengeschwindigkeit davon.

Ich bin Verblüffung.

Ich bin Wut und Frustration.

Ich bin Rache und Demütigung.

Im Ernst. Ich halte mich für Indiana Jones und kann nicht einmal mein Hab und Gut gegenüber niederen Säugetieren verteidigen. Ich ärgere mich, dass ich dümmer als ein Affe bin. Fünf Meter weiter verschlingen die Gauner mit spöttischem Blick meine Kekse. Dran denken, einem Pharma-Labor Geld zu spenden, das grausame Experimente an Affen durchführt.

Avner hat meine Missgeschicke miterlebt, aus Anteilnahme möchte er mir einen Chai auf der Terrasse unseres Guesthouse ausgeben. Er ist ein stark behaarter junger Mann, er muss sich zweimal am Tag rasieren. Er besitzt eine gewisse Körperfülle und die Zungenfertigkeit eines orientalischen Händlers, der mit den Händen redet. Es ist Freitag, und Avner, der aus Tel Aviv kommt, schlägt mir vor, mit ihm Sabbat zu feiern. Ablehnen kommt nicht infrage, eine solche Gelegenheit bietet sich so schnell nicht wieder. Und wenn es gut läuft, gibt es ja womöglich Affenpastete zum Essen. Ich schätze, dass Avner zwei bis drei Freunde eingeladen hat. Daher bin ich überrascht, als ich in ein Zimmer komme, in dem um die fünfzig Leute am Tisch sitzen. In Indien ist ungefähr einer von drei Rucksacktouristen ein Israeli, der nach drei Jahren Militärdienst erst mal ausspannen will. Junge Menschen, verführt von Trance-Musik und Marihuana, die man sich nicht als praktizierende Gläubige vorstellt. Kippot auf Dreadlocks. Das verdient doch aus Nichtjuden-Sicht gute achtzehn von zwanzig Punkten auf der Skala des Ungebührlichen. Man leiht mir eine Kippa – wennschon, dennschon. Meine Tischnachbarn erklären mir, dass sie in Israel keinen Sabbat halten und »die Religiösen hassen«. Sie praktizieren hier ihren Glauben, um so wieder Heimatgefühle aufleben zu lassen und den beruhigenden Einfluss der Gemeinschaft zu spüren. Die Gesänge dringen von einem Ende des Raumes zum anderen und werden dort erwidert. Die sechs oder sieben Bälger des Rabbiners machen einen Höllenlärm während der Rede ihres Vaters, die Avner für mich übersetzt. Moses überquert das Rote Meer, und der Rabbiner unterbricht die Geschichte mit Wodkashots, gefolgt von mehreren schallenden *l'chaim*, auf die die Menge im Chor antwortet. Auch eine Art auszudrücken, dass Gott das Universum aus dem Nichts erschaffen hat und sein Geist über die Materie herrscht.

Der Mann liegt neben mir, sein maskenhaftes Gesicht nur wenige Zentimeter von meinem entfernt. Er ist kaum bekleidet, und sein Kopf ist rasiert. Ein Unberührbarer auf Pilgerreise. Inzwischen starrt er mich seit vier Stunden mit seinen großen, runden Augen an, während ich versuche zu schlafen. Ich hatte diesen Liegeplatz im Bus reserviert. Als ich ankam, lag er bereits dort. Der Fahrer gab mir zu verstehen, dass wir zusammenrücken müssten. »Nun pass dich an die Standards der hiesigen Enge an«, sage ich zu mir selbst und beobachte durch das Fenster Kamele beim Überqueren der Autobahnen Rajasthans. Mein Mitbewohner lässt mich nicht aus den Augen, für ihn bin ich ein kompletter Exot.

Spitz tauchen die Gipfel des Himalajas auf, ich bin nicht gerade unglücklich, in der »Weltmetropole des Yoga« anzukommen. Rishikesh, pro Quadratmeter ein Aschram und massenhaft Schwergewichte, die einem Wasser aus der Gangesquelle verkaufen wollen. Meine Nachbarn aus dem Guesthouse sind ein japanischer Arbeitsloser und ein israelischer Oberleutnant, die hergekommen sind, um zwischen zwei Shiloms ihre Meditationstechniken zu verbessern. Jeder sucht seinen Guru. Davon gibt es in dieser Gegend genug. Auf den Werbeplakaten wird explizit darauf hingewiesen, dass man die spirituellen Leistungen mit Mastercard bezahlen kann. Überall die Bilder von Sai Baba, einem steinreichen Schwätzer mit einer abgefahrenen Frisur, der für sich den

Status eines lebenden Gottes in Anspruch nahm, um seine Anhänger besser begrapschen zu können.

In dem Guesthouse wohnt auch ein smarter Deutscher, der auf den angenommenen Namen Gagan hört, was sich mit »ewiger Himmel« übersetzen lässt. Gagan ist zwanzig, ein hübscher Kerl mit blauen Augen. Er hat ein Jahr lang in Afghanistan gedient. Dann ist er durch Australien gereist. Er will alle Länder der Welt sehen – ein Bruder. Gerade ist er ausgelaugt, er möchte nach Hause zu seiner Mutter. Die ihn nach der Lehre Oshos aufgezogen hat, eines alten indischen Weisen mit weißem Bart, der Rolls-Royce liebte. Gagan lobt den positiven Einfluss von Oshos Botschaft. Das Licht ist in dir, suche deinen eigenen Weg, bla, bla, bla. Damit bin ich voll und ganz einverstanden: Man muss seinen eigenen Weg suchen. Genau deshalb brauche ich keinen Guru.

Ich bin nicht zufällig in Rishikesh. Hierher kamen 1968 die Beatles, um in die Transzendentale Meditation des Maharishi Mahesh Yogi eingeführt zu werden. Niemand nimmt mich ernst, wenn ich sage, dass die Beatles meine Religion sind. Doch in meinem Leben eines Ungläubigen nehmen sie genau diesen Platz ein. Die wundersame Alchemie, die von ihrer Musik ausgeht, versetzt mich in eine höhere Harmonie und verbindet mich mit anderen Anhängern.

Der Aschram, in dem sie wohnten, ist geschlossen, für immer. Verlassen. Ich besteche den Wärter, damit ich das Gelände betreten darf. Es sieht aus wie ein Club Med in Trümmern, was einen vor jeder mystischen Versuchung bewahrt.

Dieser Ort war Inspirationsquelle für sagenhafte Songs. Ich starte eine gründliche Durchsuchung des Geländes und mache so meine ersten Schritte in Pop-Archäologie, einer Disziplin, die schon bald Eingang in die akademischen Studienfächer finden wird.

Meditationszellen in Eiform. *Dear Prudence.*

Ein von einem Tiger zerfetzter Hirschkadaver. *Bungalow Bill.*

Der Blick auf den Fluss und die Berge. *Mother Nature's Son.*

Eine große Stele, in die das Mantra Jai Guru Dev eingraviert ist. *Across the Universe.*

Ich finde keine Spur, die an *Rocky Racoon* erinnert.

Ich scharre die Erde auf in der Hoffnung, einen verloren gegangenen Songtext aufzustöbern. Ganz offensichtlich ohne Erfolg. Aber dies ist die erste Pilgerreise meines Lebens, und ich habe meine Arbeit als Exeget getan. Daraus ziehe ich eine Befriedigung mittlerer Stärke.

In Rishikesh war der Fluss noch klar. Dort bin ich einmal kurz untergetaucht, bevor ich mich nach Benares gebeamt habe, einem Ort, an den man reist, um zu baden und zu sterben. Hier ist der Ganges eine Kloake, aber für die Hindus verkörpert er die Reinheit, also wäscht man sich darin, um sein Karma zu verbessern. Prozessionen ziehen ohne jede Trauer durch die Stadt Shivas und tragen die einbalsamierten Leichen. Jeden Tag werden Tausende Kadaver auf den Ghats verbrannt, um dem Kreislauf der Wiedergeburt zu entgehen. Im Nebel des Morgengrauens ein irreales Schauspiel: menschliche Überreste, die in diesem Freiluftkrematorium verstreut sind, dazwischen herumstreunende räudige Hunde, gutmütige heilige Kühe und Ziegen. Benares wurde ausschließlich am linken Ufer des Ganges errichtet. Die Seelen ziehen auf gen Osten, erhaben über alles Menschliche. Das Gefühl von Zeitlosigkeit drängt sich auf.

Ein beachtlicher Bart, der die Brust seines Trägers bedeckt. Er gehört einem halb nackten Mann, der anbietet, mir das Feuer zum Anzünden der Scheiterhaufen zu zeigen. Der Legende nach brennt dieses Feuer seit dreitausend Jahren ohne Unterbrechung. Mein neuer Freund segnet mich mit der Asche. Das heißt also, dass ich jetzt mindestens sieben Generationen lang gegen den bösen Blick geschützt bin. Das ist die zehn Rupien wert, die er dafür verlangt. Mein neuer Freund ist ein Sadhu, eine weitverbreitete Lebensweise in der Stadt. Die Sadhus betteln, rauchen und tragen orangefarbene Tuniken. Aus westlicher Sicht wirkt das wie eine Mischung aus Penner, Rasta und Holland-Fan. Es ist aber etwas komplizierter. Die Sadhus sind die Eremiten des Hinduismus und haben sich für den spirituellen Weg entschieden. Also gehen sie mit nichts weiter als ihrem Karma durchs Leben und verbringen dieses damit, sich von jeglichem Ansinnen, das materieller oder irdischer Natur ist, zu befreien. Einige hausen in Bäumen oder entscheiden sich dafür, einen Arm fünfzehn Jahre lang in die Luft zu halten, um so ihre Frömmigkeit auf die Probe zu stellen. Andere verstümmeln sich die Geschlechtsteile, indem sie dicke Steine daranhängen, um ihren Sexualtrieb auszuschalten. In diesem Fall spricht man von Sadhu-Masu.

Ein paar Kilometer reichen aus, um die Religion zu ändern. Sarnath ist mein erster Schritt auf dem Weg zu Buddha. Hier hielt der Erleuchtete seine erste Lehrrede, die Predigt im

Wildpark. Zwischen Tempelruinen und Stupas steht dort der Bodhi Tree, der aus einem Ableger des Baumes gewachsen ist, unter dem Buddha die Erleuchtung erfuhr. Ich hebe ein Blatt vom Boden auf und stecke es in meine Brieftasche. Dummer Fetischismus, aber das kann ja nicht vollkommen nutzlos sein, denn sicherlich gibt es einen Informationsaustausch zwischen der DNA des Blattes und der des Seligen.

Auf diese Weise gewappnet, mache ich mich auf den Weg ins benachbarte Nepal. Irgendwo in diesem Land meditiert ein Jugendlicher namens Ram Bomjon unter einem Feigenbaum, um die Botschaft vom Frieden in die Welt zu tragen. Er habe vor Monaten aufgehört zu essen und zu trinken. Das Gerücht verbreitet sich, und die Pilger eilen herbei: Es handele sich um eine Reinkarnation Buddhas. Nichts Besonderes. Wie jeder weiß, ist der Weg zum Bodhisattva lang und tückisch. Daher ist es an der Zeit, eine Zwischenbemerkung zum Thema Transport einzufügen: Der Bus, der mich an die nepalesische Grenze bringt, muss aus der Altsteinzeit stammen, doch das spielt kaum eine Rolle, da er nach zwanzig Kilometern anhält. Der Fahrer steigt aus und geht weg. Kommt nicht wieder. Er lässt den Bus und die Fahrgäste mitten in der Pampa stehen. Warum? Das weiß niemand. Wir improvisieren: Ein paar andere Passagiere und ich winken eine Auto-Rikscha heran, mit der wir noch sechzig Kilometer zurücklegen müssen, was viel ist für eine Rikscha. Wir tuckern durch Dörfer, auf der falschen Straßenseite, streifen mehrere Male den Tod, fahren Kühe an. Alles läuft gut, bis wir von einem Polizisten angehalten werden, dessen äußere Erscheinung nach Unehrlichkeit schreit (Schnurrbart, dunkle Brille, böser Blick, auf seiner Stirn steht quasi »Korruption« geschrieben). Nichts verstößt gegen das Gesetz, aber trotzdem knöpft er jedem Einzelnen von uns zwanzig Rupien ab (dreißig Eurocent, wie grotesk). Protest ist zwecklos, er hat die Knarre.

Nachdem ich die nepalesische Grenze überquert habe, wo ich von zwielichtigen Geldwechslern betrogen werde, komme ich in Lumbini an. Ein Nest, das nichts zu bieten hätte, wäre es nicht die Geburtsstätte von Siddhartha Gautama, weltweit bekannt unter dem Namen Buddha.

Hinter dem Dorf erstreckt sich ein Buddha-Park, eine große, verkehrsfreie Zone, in der internationale Klöster aus dem Boden sprießen. Die Flamme des Friedens begrüßt den Besucher, die Sonne geht über dem Wasserbecken mit Lotusblüten unter, Stille ergreift die Welt. Eine junge Frau mit hinreißendem Gesicht fährt auf einem Fahrrad an mir vorbei und grüßt mich mit einem unerwartet aufrichtigen *Namaste*, dazu ein Lächeln, das einen ans Nirwana glauben lässt. Diese Anmut lässt mich meinen Unmut des Tages vergessen, und das Glück trifft mich eine ganze Minute lang mit voller Wucht.

Eine ganze Minute lang.

Der höchste heilige Ort des Buddhismus ragt nun vor mir auf. Der Maya-Devi-Tempel, benannt nach der Mutter des Erleuchteten. Wenn es eine kosmische Gerechtigkeit gibt, wird der Architekt, der dieses Gebäude entworfen hat, als Schabe wiedergeboren. Der Tempel ist ein hässliches Backsteingebäude, das Ruinen umgibt, in deren Mitte sich ein Stein mit der Aufschrift »Genau hier ist Buddha geboren« befindet. Sehr schön. Ich mache ein Foto.

Ich spreche den Mönch, der den Tempeleingang bewacht, auf die Geschichte des Buddha Boy an. Er ist vorsichtig. Er hütet sich davor, von Reinkarnation zu sprechen, räumt aber ein, dass das, was dieser junge Mann tut, »im Bereich der Meditation weit über die bekannten menschlichen Fähigkeiten hinausgeht«.

Ich finde Unterschlupf in einem spartanischen koreanischen Kloster. Die Regeln sind streng: Die Türen schließen um zwanzig Uhr, man darf nicht rauchen, keine elektronischen Geräte benutzen. Das Kloster ist voller Mönche und Durchreisender. Ich esse gemeinsam mit einem österreichischen Öko-Pärchen und einer Engländerin, die versucht, ihre Depression unter dem Mantel der meditativen Auszeit zu verstecken. Sie ist fünfundzwanzig Jahre alt und sieht aus wie vierzig. Sie wirkt ungesünder als beispielsweise Cicciolina. Ein kurzes Gespräch mit ihr bestätigt meinen Verdacht: Das klösterliche Grundprinzip ist abgrundtief langweilig. Scin Leben Gott widmen, warum nicht? Aber seine Zeit damit verbringen, für das Seelenheil zu beten oder zu versuchen, das kollektive Karma zu verbessern, indem man um vier Uhr morgens aufsteht, um wie die Toten zu singen, das führt doch zu nichts. Geht raus und rettet die Lebenden. Mutter Teresa, meinetwegen. Eremit – wozu? Wenn es einen Schöpfer gibt, dann beleidigt man ihn, indem man den Rückzug wählt, statt in direktem Kontakt mit seiner Schöpfung zu leben.

Ich setze meinen Weg fort, muss dabei aber eine weitere Zwischenbemerkung zum Thema Transport einfügen: Der

Siddhartha-Highway trägt einen leicht anmaßenden Namen, denn es handelt sich um eine steinige Piste mit willkürlich darauf verteilten Asphaltflecken. Die Strecke ist chaotisch, aber wunderschön, mit Terrassenfeldern und wilden Wasserläufen, die aus den Bergen des unvergänglichen Himalajas herabstürzen und einen Dschungel durchtränken, der alles andere als üppig ist.

Ein Dorf. Stopp. Durchfahrt blockiert. Kaum zu glauben: eine Bombe mitten auf der Straße. Ein Kommando Maoisten hat einen Lastwagen angehalten, ihn quer auf der Straße geparkt und Sprengstoff über dem Reifen befestigt. Falls jemand versucht, ihn zu entfernen: puff. Eine der wichtigsten Verbindungsachsen des Landes ist unterbrochen. Ist halt so. Nur Geduld. Polizei oder Armee werden sicher bald kommen und das Ding entschärfen.

Eine Stunde, zwei Stunden, drei Stunden.

Sie kommen nicht. Man kann es ihnen nicht übel nehmen, es sieht sehr nach einem Hinterhalt aus. Ich gehe zu Fuß weiter. Hinter dem Pass ist die Straße frei, und ich finde einen Bus, der mich wohlbehalten ans Ziel bringt.

Kathmandu, der Name lässt einen träumen. Die Wirklichkeit weniger. Diese Stadt ist eine Kloschüssel, eine einzige verschmutzte Hölle. Atmen undenkbar. Ich muss mir eine Schutzmaske kaufen. Wenn ich den Gerüchten Glauben schenke, dann verdünnen hier ein paar helle Köpfe das aus Indien importierte Benzin mit irgendeinem Dreckszeug, um so ihre Gewinnspanne zu vergrößern und ihre Kinder zu vergiften.

Nepal liegt laut dem Human Development Index der UNO

auf Rang 138, und das merkt man. In allen Weltmetropolen sitzen die Botschaften in den schicken Stadtvierteln. Hier besteht die Straße aus festgestampfter Erde, und direkt neben der Botschaft des Vereinigten Königreichs liegt eine Ziegenweide. Dennoch hat das Land Achtung verdient, denn es ist das einzige, dessen Flagge nicht rechteckig ist (die der Schweiz und des Vatikans sind quadratisch, aber genau genommen sind das auch Rechtecke).

Im Zentrum der Stadt quillt der Durbar Square über vor Tempeln mit mannigfaltigen Dächern, Pagoden, die mehrere Hundert Jahre alt sind, und in Stein gemeißelten Gottheiten. Ein spektakulärer Anblick, man könnte meinen, man sei auf einem anderen Planeten, wenn nicht Staffeln der Bereitschaftspolizei den Platz großflächig überwachen würden. Eine Revolution zeichnet sich ab. Die Monarchie hat nur noch wenige Monate zu leben.

Geschrei bricht los, feindselige Parolen gegen den König. Bewegung in der Menge. Steine fliegen. Die Stimmung ist seltsam. Aufrührerisch und alltäglich zugleich. Die Touristen spazieren umher, die Verkäufer verkaufen, die Träger tragen – so als wäre nichts gewesen, während Polizei und Oppositionelle miteinander Katz und Maus spielen. Ich erlebe den Nervenkitzel eines Kriegsfotografen, als ich ein paar brutale Festnahmen knipse. Ein echter Kriegsfotograf beschwert sich, weil nicht genug Blut fließt. Kathmandu ist nichts für Hippies.

In Pokhara spiegeln sich die verschneiten Gipfel im See, und in den zur Straße hin offenen Geschäften laufen Kühe herum. Der Ort ist die Basisstation für Trekkingreisende, die hergekommen sind, um es mit der Annapurna aufzunehmen, die die Landschaft überragt.

Auf einem Markt spricht mich eine Nepalesin an. Um die dreißig, Jeans, sieht nicht übel aus. Sie erklärt mir, dass sie mit einem Holländer verheiratet ist und ich schön bin, was wirklich nett ist, obgleich der Geschmeichelte – wie der Rabe bei La Fontaine – immer der Dumme ist. Sie stellt sich als Sakmi vor, sie versteht nicht, warum mich das zum Lachen bringt. Eine alte Tibeterin, die einen Stand mit Kunsthandwerk hat, mischt sich ins Gespräch ein. Sie sieht mich an, reibt Daumen und Zeigefinger aneinander und deutet dabei schmunzelnd auf die Nepalesin: »Pass auf, Junge, die kostet was.« Der Nepalesin gefällt die Vorstellung, als Hure behandelt zu werden, gar nicht. Wirklich überhaupt nicht. Ihr Ton wird schärfer. Schließlich scheuert sie der Alten eine. Gegenangriff. Gegenseitiges Ziehen an den Haaren. Kurze Verschnaufpause. Beleidigungen. Erneute Schläge. Die Nepalesin zerstört den Stand der Tibeterin. Die Tibeterin nimmt eine kleine Buddha-Statue in die Hand, um die Nepalesin damit zu hauen. Doch was macht der Dalai Lama? Ich überlege, sie zu trennen, aber ist es wirklich meine Aufgabe, in einen nepalesisch-tibetischen Konflikt einzugreifen, dessen historischer Ursprung mir vollkommen fremd ist? Ich habe nicht die Seele eines Blauhelms, und das könnte ins Auge gehen. Ich überlasse es einem örtlichen Kraftprotz, einzuschreiten, und entferne mich, wobei ich über die Bedeutung der Einmischung im Völkerrecht nachsinne.

Auf der Suche nach Frieden setze ich meine Reise zum Little Buddha fort. Mein Ziel rückt immer näher. Nur noch hundert Kilometer. Eine achtstündige Fahrt zu vierzehnt in einem muffigen Kleintransporter, auf der mich ein Kind vollkotzt. Jeder Reisende kommt irgendwann an den Punkt, an dem die glückselige Entdecker-Euphorie verblasst und er sich dabei ertappt, wie er die örtliche Bevölkerung verflucht. Wegen ihrer Langsamkeit, ihrer absurden Organisation, wegen der Löcher in der Straße, des Dünnschisses, kurzum: aus vorgeschobenen Gründen. Doch das geht schnell vorbei und gehört nun einmal zu dem Prozess, der darin mündet, dass man ein Land ewig liebt.

Wie bei einem Marathon sind die letzten Meter die schwierigsten. Doch nach einem Interkontinentalflug, ein paar Tausend Kilometern mit dem Zug, dem Bus, der Rikscha, nach drei überstandenen Reifenpannen, nach ungefähr dreißig militärischen Checkpoints (nicht übertrieben), der Flucht eines Fahrers, zehn Kilometern Piste und drei Kilometern Fußmarsch stehe ich endlich vor dem Buddha Boy.

Lange schwarze Haare bedecken seine geschlossenen Augen. In einer granatfarbenen Tunika sitzt er im Lotossitz unter einem Bengalischen Feigenbaum und meditiert. Wir befinden uns in einem Stück Trockenwald irgendwo im Terai, und es musste ein Sicherheitsbereich eingerichtet werden, der die Massen um den jungen Mann herumleitet. Die Besucher müssen einen Abstand von dreißig Metern einhalten. Sie gehen einen Weg mit bunten Fahnen entlang bis zum Aussichtspunkt, um sich ein paar Sekunden lang vor Ram Bomjon zu verneigen. Der Junge sorgt für Glaubenseifer, tägliche Ströme Tausender Pilger (Buddhisten, aber auch Hindus, die Buddha als den neunten Avatar Vishnus ansehen) und viele Geldschenkungen. Es ist seltsam, all diese Hungerleider zu sehen, die ihr Geld unter dem Vorwand spenden, dass jemand nicht isst.

Ganga ist der große Bruder von Ram. Ein Mann, der damit beschäftigt ist, den Trubel um seine Familie und sein Dorf in den Griff zu bekommen. Er ist der Kommunikationsbeauftragte, ich teile mit, dass ich eine Geschichte über seinen Bruder schreiben möchte. Vorige Woche waren CNN und BBC ein paar Stunden da, um zu drehen. Er ist überrascht, dass ich allein bin und keinen Übersetzer habe. Unsere Kommunikationsmittel beschränken sich auf ein paar gurgelnde Laute, aber er wirkt zuvorkommend und offen. Kurz vor Einbruch der Dunkelheit und der Abreise der Pilger führt er mich durch den Wald zu einem Dörfchen mit ein paar Häusern, die um einen Brunnen herum gebaut sind. Kinder spielen barfuß, Ziegen wandern umher, und die neueste Technik, die man hier findet, ist eine Nähmaschine der Marke Singer aus den Fünfzigern. Arbeiter mit einer Schaufel in der Hand legen eine neue Straße an.

Ganga bittet mich in sein Haus, das Geburtshaus des Wunderkindes, das größte des Dorfes. Rams Mutter trägt ein rotes Kleid und etwas Schmuck, einen goldenen Ring in der Nase. Sie ist eine schöne, schweigsame Frau, deren Gesicht eine Mischung aus Müdigkeit und Mitgefühl ausstrahlt. Man lädt mich zum Essen mit ihr ein, auf dem Boden mit einem indischen Sadhu, drei Lama-Schülerinnen und ein paar Kleinkindern. Frau Buddha füllt meinen Teller. Sie füllt ihn reichlich, ich bin Gast. Wir essen mit den Fingern, die Gabel benutzt man hier nicht. Trotz meiner Anstrengungen – ich ersticke fast – schaffe ich es nicht, mein Kilo Reis hinunterzuschlingen. Ich bin ein Banause. Man behandelt mich wie einen der Heiligen Drei Könige, und ich würdige noch nicht einmal das Essen, das die Mutter des kleinen Gottes mir vorsetzt. Als ich ihre Bewegungen beobachte, ändere ich meine Meinung über ihren Gesichtsausdruck. Diese Frau ist einfach nur erschöpft und unglücklich; ihr Sohn hat sie für eine andere Dimension verlassen.

Ich verdurste und habe kein Wasser mehr. Ich trinke das, was man mir anbietet, aus dem Brunnen des Dorfes, den auch die Ziegen benutzen. Eine Freundin von mir hat genau auf diese Weise Typhus bekommen. Nach dem Essen nehme ich in einer von Kerzenlicht beleuchteten Ecke des Hauses an dem Familiengebet teil. Ganga liest Passagen aus einem tibetanischen Zauberbuch vor. Ich nutze die Gelegenheit und bitte Gott, sofern es ihn gibt, mir den Typhus zu ersparen.

Ganga schlägt mir vor, bei ihnen zu schlafen, aber ich begleite ihn lieber zum Eingang des Meditationsortes, um über den »Schlaf« seines Bruders zu wachen. Wir gehen also wieder durch den Wald, inzwischen ist es Nacht, und ich verdränge die Gedanken an womöglich ausgehungerte Tiger in der Nähe. Ganga richtet mein Bett her, aus Stroh und einer Decke, die ein Epidemiologe zu Forschungszwecken nutzen könnte. Es ist verdammt kalt und der Himmel sternenklar. Wir sind zu siebt, liegen dicht aneinander. Meine Zimmergenossen schenken mir eine Polyphonie aus Fürzen, Rülpsern, nächtlichem Röcheln, tuberkulösen Hustenanfällen und dazu wagnerische Schnarchgeräusche. Ob man's glaubt oder nicht: Es riecht nach Yeti. Ganga ist nett, aber: Mal nimmt er sich die ganze Decke, mal schmiegt er sich in beinahe anzüglicher Weise an mich. Buddhas Bruder oder nicht, man muss einen gewissen Abstand einhalten, wir haben nun mal nicht zusammen Yaks gehütet. Jeder Reisende kommt irgendwann an den Punkt, an dem er sich fragt: Was mache ich hier eigentlich? Wo ich doch in Paris einen warmen, wohlriechenden Körper unter einer sauberen Decke streicheln könnte.

Während alle schlafen, reizt mich die Vorstellung, näher an den Buddha Boy heranzugehen, um zu sehen, ob er sich nicht den Bauch mit Eintopf vollschlägt und Mojitos schlürft, wenn niemand zuschaut. Unmöglich, Ganga klebt an mir. Auch egal. Es ist ganz klar, dass er sich irgendwie ernährt. Auch wenn die Meditationstechniken es ihm ermöglichen, seinen Stoffwechsel extrem zu verlangsamen und seinen Körper auszuschalten, mehrere Monate Dehydration kann man nicht überleben (angeblich hatte selbst Jesus relativ schnell Durst, als er am Kreuz hing). Ich glaube genauso wenig an diese Geschichte des verlängerten Fastens wie an die Lichtstrahlen, die von seiner Brust ausgehen. Dummes Zeug, das verbreitet wird, damit die Massen, vielfach Analphabeten, weiter an den Mythos glauben.

Nicht alle beißen an. Im Nachbarort schildert mir ein womöglich eifersüchtiger Wirt seine Version der Geschichte: Im Dorf wurde Marihuana angebaut und ordentlich gebechert, bevor das Wunderkind die Dorfgemeinschaft dazu brachte, den guten Ruf wiederherzustellen und auf religiösen Tourismus umzusteigen. Eine Variante, die weder von BBC noch von CNN ausgestrahlt wurde.

Mit seinen langen Haaren und seinem besonderen Charisma könnte sich Ram Bomjon als Wiedergeburt von Bon Jovi bewerben, jedenfalls nicht für die von Buddha. Letzterer kann nämlich gar nicht wiedergeboren werden, gerade weil er Buddha ist: Er hat seinen Zyklus beendet und Samsara überwunden. Doch das Bedürfnis, an etwas zu glauben, ist stark, mithilfe des Glaubens lassen sich verstandesmäßige Hürden umgehen. Egal, welches Geschäft mit dem Buddha Boy gemacht wird, seine Friedensbotschaft hallt wider in diesem konfliktgebeutelten, gespaltenen Land.

Ein paar Wochen nach meinem Besuch verschwand Ram Bomjon ohne Hinweis darauf, wohin. Die Flut von Menschen beeinträchtigte seine Meditation. Seitdem gibt es nur bruchstückhafte Nachrichten. Ab und an taucht er wieder auf, hinter einem Baum, um zu predigen für die, die es hören wollen. Die Rede ist von zehntausend Menschen bei seinem letzten Erscheinen. Ansonsten lebt er asketisch und irrt durch den Wald.

Meine Reise hat auf Höhe des Meeresspiegels begonnen, mich durch einen Subkontinent geführt und endet an dessen Gipfeln. Am Ende fliege ich über den Mount Everest. Im Flugzeug nähere ich mich geografisch dem Himmel, und mich überkommt eine tiefe innere Ruhe. Ich weiß immer noch nicht, ob es Gott gibt, aber ehrlich gesagt ist mir das auch egal. Wichtig ist, ihn zu suchen. Propheten bleiben selten an einem Ort. Moses überquerte ein Meer und erklomm einen Berg, um seine Gebote zu empfangen. Mohammed wanderte nach Medina aus und gründete die Umma. Jesus irrte durch die Wüste. Und Ram Bomjon wird in seinem Wald, wie Buddha, zum Wanderprediger. Immerhin sind sich die Propheten in diesem Punkt einig: Die Wahrheit liegt anderswo. Das kommt mir gelegen, dorthin gehe ich.

Club-Zwischenspiel,

mit Raskolnikoff auf Djerba

Ich habe eine ganz neue Erfahrung gemacht. Das allein ist eine gute Nachricht. Manche Leute machen nie etwas zum ersten Mal. Sie werden geboren, sie kaufen ein Sofa, sie sterben. Aber nicht alle ersten Male sind zwangsläufig von Ruhm gekrönt. Ich habe lange gezögert, ob ich damit an die Öffentlichkeit gehen sollte: Ich habe einige Tage in einer Ferienanlage verbracht. Alles in allem das genaue Gegenteil von einer Reise.

Eigentlich wollte ich in den Iran oder in die Demokratische Republik Kongo, um Abenteuer zu erleben und hinterher anzugeben. Aber der Chefredakteur meinte zu mir: »Schreib was zu Djerba, mit Schwerpunkt auf Lifestyle, du weißt schon, die Aromen und Farben des ursprünglichen Maghreb.«

An dieser Stelle ist eine kleine Erläuterung zu meiner beruflichen Entwicklung angebracht. Früher habe ich einen Job nach dem anderen gemacht, um anschließend das ganze Geld zu verballern, das ich nicht in Flugtickets investierte. Inzwischen arbeite ich mit den Reiseressorts einiger Zeitschriften zusammen. Ein unbedeutendes Detail für die Presse, ein Riesenvorteil für mich. Statt zu arbeiten, um zu reisen, reise ich, um zu arbeiten. Eine gute Lösung, denn ich bin viel unterwegs. Und kann mich seitdem ganz offiziell als professioneller Tourist ausgeben.

Der Pool ist so groß wie Luxemburg. Ich relaxe auf einem Liegestuhl, um mich herum eine beachtliche Menge an Feriengästen in Badebekleidung, die sich für das Angebot Flug + All-inclusive-Aufenthalt im Hotel Dar Djerba eines Online-Reiseveranstalters entschieden haben. Die Anlage wird überwacht. Es gibt Schlimmeres, Augen zu und durch.

Das Paradoxe am Touristendasein: Die größte Unannehmlichkeit für ihn besteht in der bloßen Existenz von seinesgleichen. Versteht man das Reisen als den Wunsch, sich komplett auszuklinken oder zumindest Abstand zu gewinnen, dann kann es einem die Ferien ruinieren, wenn man die üblichen Sitznachbarn aus der U-Bahn hier wiedertrifft. Wie eine Freundin, die in einem Großraumbüro arbeitet, mal zu mir meinte: »Nichts und niemand darf die Urlaubsfreude trüben.«

Unter allen Touristen gibt es eine furchterregende und wohlbekannte Gestalt, die sämtliche junge Rucksacktouristen erschaudern lässt. Die Rede ist natürlich vom Bermuda-Teutonen. Wagen wir einen Definitionsversuch. Bermuda-Teutone bezeichnet einen dicken Touristen über vierzig mit einer ansehnlichen Wampe, auf der ein Camcorder ruht. Er trägt kurze Hosen, das liegt auf der Hand. Er reist in Gruppen, manchmal mit der Familie, niemals allein. Entgegen der weitverbreiteten Annahme muss der Bermuda-Teutone nicht zwangsläufig die deutsche Staatsbürgerschaft besitzen. So etwas nennt man einen Fauxami. Tatsächlich reicht dieses Phänomen nämlich weit über die Grenzen Germaniens hinaus. Der Bermuda-Teutone kann durchaus auch Holländer oder Däne sein. Oft ist er auch Österreicher, das versteht sich von selbst. Doch wir dürfen die Augen nicht vor den Tatsachen verschließen: Es kommt auch vor, dass er Franzose ist (eher nördlich der Linie Besançon – Le Havre; ein Bermuda-Teutone mit Marseiller Akzent funktioniert allerdings nicht).

Um es ganz deutlich zu sagen: Die Fans des organisierten Tourismus haben ihre volle Berechtigung. Sie rackern sich das ganze Jahr über ab, da verdienen sie es auch mal, ihr Hirn bei Vollpension zu entspannen. Rucksack und Individualtourismus verschaffen mir keinerlei moralische Überlegenheit gegenüber dieser Horde. Ich umgehe sie nur einfach lieber. Und hier, am Swimmingpool des Dar Djerba, sitze ich mitten in der Sonnenfabrik in der Falle.

Um diese Prüfung zu bestehen, habe ich einige Klassiker mitgenommen. Ich liege in der tunesischen Sonne und tauche in die Gassen Sankt Petersburgs ein, die genauso verwinkelt sind wie Raskolnikoffs Seele. Zur Erinnerung: Der Held aus *Schuld und Sühne* ist ein Student, der seine Kurse schwänzt, weil er blank ist. Da es im 19. Jahrhundert kein McDonald's gab, gab es auch keine Nebenjobs. Raskolnikoff ist ein intelligenter und überschwänglicher junger Mann, den ein fieberhafter Größenwahn packt. Seine Bedürftigkeit verletzt seine Selbstverliebtheit, und da er übergeschnappt ist, beschließt er, eine fiese, alte Wucherin zu ermorden, um ihren Sparstrumpf zu klauen. Er erklärt diese Tat für rechtmäßig, indem er durchtriebene, existenzielle Beweggründe zugrunde legt. Die Rechtfertigung des Verbrechens ist eines der Hauptthemen des Romans. Raskolnikoff bereitet den Mordanschlag vor, die Erzählkunst Dostojewskis trägt mich davon, und aus den Lautsprechern am Pool tönt die Zouk-Hymne »Vas-y, Francky, c'est bon, vas-y, Francky, c'est bon, bon, bon«.

Die Animateure sind alle sehr nett. Junge, lächelnde, energiegeladene Menschen, allerdings etwas zu aufdringlich. Sie versuchen, mich zum Mitspielen zu bewegen. Man soll sich zum Beispiel eine Münze auf die Stirn kleben, vorwärtsgehen und versuchen, sie in ein Glas fallen zu lassen. Meine lieben Freunde, ich habe ja nichts gegen euren Zeitvertreib für Schwachsinnige. Aber habt doch Erbarmen, ich versuche ein Meisterwerk der russischen Romankunst zu lesen, klein gedruckt und mit Figuren, die alle drei verschiedene Namen haben, also stellt bitte diesen Zouk leiser.

Die Masse in Badekleidung ist auf diesem Ohr taub. Der Herdentrieb duldet keine Abweichungen: »Hey, du Eierkopf, mach mit.«

Dieser inbrünstige Schrei kommt von einem riesigen Bermuda-Teutonen. Ich schätze mal, ein Flame. Ein echtes Prachtexemplar. Braune Sandalen und graue Socken, Sonnenhut und sogar, gütiger Himmel: ein schmaler Kotelettenbart. Das Charisma dieses Herrn offenbart sich mir zwar nicht, aber es ist sehr wohl vorhanden. Die Menge stimmt nämlich mit ein: »Mach mit, Eierkopf, mach mit!«

Raskolnikoff steigt gerade die Treppe zur alten Pfandleiherin hinauf, in der Hand eine Axt, ich suche einen stumpfen Gegenstand in Reichweite. Ich wünsche alle diese Leute nach Sibirien.

Schließlich trete ich den Rückzug an. Dafür muss ich die Brücke überqueren, die sich über den Pool spannt – eine absolute Schmach. Ich schnappe meine Tasche und laufe zum

Busbahnhof, um möglichst schnell von hier zu fliehen. Ich lese die Ziele, und weil es gut klingt, steige ich in einen Bus nach Tataouine.

Marokkanische Episode,

in der man die Wahrheit über die Wüste erfährt

Wir sind zu neunt in einem Peugeot 504 Break. Ich bin eingepfercht zwischen einem wortkargen, alten Mann mit Bart und einem erkälteten Targi. Auf meinen Knien habe ich ein Huhn und sitze selbst auf der Handbremse. Ich liebe es, allein zu reisen. Das ist die beste Methode, um es nicht lange zu bleiben.

Man weiß, warum man in die Wüste fährt. In den Ferienkatalogen liest man Worte wie »Reinigung«, »Ende des Menschenreichs«, »Stille, die den Menschen wieder mit den Geheimnissen der Natur in Einklang bringt«. Kein Gehupe, keine Handys, kein Stress. Leere, die unser Übermaß relativieren soll. Der geeignete Rahmen zur Wiederentdeckung von Werten, zur Selbstbespiegelung, und nur die Sterne schauen zu. Perfekt, wie mir scheint, um meine Reise durch den Maghreb ohne die Nervensägen in Badehosen fortzusetzen. Indes hat sich gerade die Anzahl der Passagiere auf zwölf erhöht, da drei dicke, komplett in Schwarz gehüllte Frauen eingestiegen sind. Wir fahren durch Zagora, die letzte Etappe der Karawanenstraße, wo ein berühmtes Schild »Timbuktu, 52 Tage« anzeigt. Das Gruppentaxi leert sich ein wenig, bevor es das Draa-Tal entlangfährt, mit grünen Palmenhainen, roten Kasbahs und Dorfbewohnern, die Datteln direkt von der Palme pflücken.

Im Peugeot bestreitet Karim die Unterhaltung. Er ist von

geringer Größe, hat einen kleinen Bart und ist kaum fünfzig Jahre alt. Er spricht sehr gut Französisch, seine Schwester lebt in Dreux. Nach der Ankunft in M'hamid lädt er mich auf einen Tee zu sich ein. Karim ist Beamter, sein Haus baut er nach und nach auf. Mit Kabel empfängt er eine Milliarde Sender. Auf dem Fernseher thront eine kleine Figur, Osama Bin Laden in seiner Mudschahed-Kluft.

»Er ist ein Held.«

Ich weise ihn darauf hin, dass dieser Held Tausende Unschuldige ermorden ließ, die Welt völlig überflüssig ins Chaos gestürzt hat und dass dies nicht gerade meiner Definition von einer positiven Haltung entspricht.

»Ja, das stimmt. Es ist nicht gut, Leute umzubringen. Aber die Amerikaner töten viel mehr Menschen.«

Ich erinnere ihn daran, dass die Kumpel von Bin Laden auch in Marokko Bomben gelegt haben. Karims Frau taucht mit einem Tablett voller Tassen auf und mischt sich in das Gespräch ein:

»Terroristen sind Verbrecher, aber außerdem sind sie dumme Esel. Die verscheuchen die Touristen, und ganze Familien werden dadurch arbeitslos.«

Karim verzieht das Gesicht und sagt kein Wort. Wir gehen in den Garten, um ein paar Zigaretten zu rauchen und das Thema zu wechseln. In M'hamid wird es Abend, und Karim ist melancholisch. Er gesteht mir, dass er kein sehr guter Muslim ist. Er betet zwar, gibt aber viel zu viel Geld aus, um sich zu besaufen und Haschisch zu rauchen.

So als wollte er Karims melancholische Stimmung stören, braust ein Geländewagen heran und kommt schleudernd vor dem Hauseingang zum Stehen. Drei Männer, deren Gesichter durch Cheches verdeckt werden, steigen aus und gehen, in meinen Augen ganz normal, auf uns zu. Sie holen mich ab, um mich ins Camp zu bringen. Karim hat sie angerufen, er bekommt seine Provision.

Sie sind unter zwanzig, aufgekratzt und sprechen über Mädchen, während wir über die Sandpisten brettern. Einer von ihnen bittet mich um Rat. Ein Mädchen gefällt ihm, und er weiß nicht, wie er die Sache angehen soll. »Lade sie auf einen Drink ein und küsse sie in der Toreinfahrt«, würde ich ihm gern antworten. Doch ich bin nicht sicher, dass die Pariser Gepflogenheiten auch in M'hamid gelten, ich habe hier in der Gegend nicht allzu viele Toreinfahrten gesehen.

Als wir im Lager ankommen, ist es Nacht. Die Hochburg von Ali, dem König der Wüste. Ein groß gewachsener Mann, der wirklich wie Frank Zappa aussieht. Er trägt etwas, was wohl seinen Reichtum zur Schau stellen soll. Eine fein bestickte Dschellaba und Schmuck bis zum Gehtnichtmehr. Den ganzen Tag lang raucht er Joints, und daher lachen seine Augen ständig, was das Vertrauen des Kunden weckt. Nach einem schlimmen Couscous beim Boss niste ich mich im Zelt der Kameltreiber ein, die auf ein paar lahmen Darbukas herumtrommeln. In einer Ecke steht ein Snowboard, das auf einen kürzlichen Besuch von Schweizern hindeutet. Außerdem gibt es ein Mofa der französischen Post. Und nein, ich will meine Sonnenbrille nicht gegen eine Sandrose eintauschen.

Ich gehe unter freiem Himmel pinkeln, und der Sternengesang wird leicht gestört durch *Der Wolf, der Fuchs und das Wiesel*, ein bretonisches Volkslied, das eine Touristengruppe aus lauter Kehle brüllt. Auch wenn sie das Recht haben, sich zu amüsieren, denke ich über die Wiedereinführung der Todesstrafe nach.

Ich geselle mich zu ihnen. Es sind Bretonen, normale Leute, Lehrer. Wir unterhalten uns höflich über Belanglosigkeiten. Es ist wirklich Zeit, schlafen zu gehen, denn morgen bei Sonnenaufgang, wenn die Dünen in rosafarbenes Licht getaucht werden, muss ich mich der Leere stellen.

Ali stellt mir Chachi vor. Chachi wirkt emotionslos. Er hat den intensiven Blick derer, die in der Wüste geboren wurden. Er ist recht groß und riecht nicht gut. Er zeigt etwas mehr Emotionen, als ich mich auf ihn setze. Mit einem Mal steht er auf, sodass ich fast herunterfalle. Chachi ist das, was man allgemein als gutes Kamel bezeichnet, aber das werde ich erst später herausfinden. Schließbare Nasenlöcher, um dem sandigen Wind zu trotzen, der in den Nüstern pikst, Hufe mit drei Zehen, um nicht einzusinken, Höcker auf dem Rücken zur Wasserspeicherung: Chachi hat alle Merkmale eines typischen Kamels, und genau darum fragt man sich: Hören die Wunder der Natur denn nie auf, uns zu erstaunen?

Die andere Frage, die ich mir oben auf Chachi stelle, mit meinem Rucksack, meinen nicht schließbaren, mit Sonnencreme eingeschmierten Nasenlöchern und meinem am Vortag gekauften Cheche, ist: Wurde das Adjektiv »lächerlich« für mich in genau diesem Augenblick erfunden?

So machen wir uns also auf, Chachi, Mohamed und ich, zu einer unglaublichen Odyssee, während der wir einige Kilometer im Rahmen von Alis Zweitagestour zurücklegen werden. Mohameds Französisch ist so gut wie mein Arabisch. Das weiß man zu schätzen, wenn man wegen der Stille hergekommen ist. Es läuft gut zwischen uns, so ohne Worte. Mo lächelt und verbreitet gute Laune. Er trägt abgenutzte Stadtschuhe, die nicht geeignet sind, um im Sand zu laufen, und eine schäbige Dschellaba. Ich habe den Verdacht, dass Ali seine Kameltreiber ganz schön ausbeutet. Mos eintöniger Singsang aus grauer Vorzeit gibt seinen Schritten den Takt vor. Er läuft voran und führt Chachi an der Leine. Dieser reibt regelmäßig sein Maul an Mos Rücken, doch der dreht sich nicht einmal um. Ich notiere in mein Heft: *Die Vertrautheit zwischen Mensch und Tier ist einer der Schlüssel zum Überleben in einer feindseligen Umwelt.*

Wir machen an einer Wasserstelle halt. Als wir näher kommen, flüchten ein paar Yaks vor uns. Mo zieht einen Eimer vom Grund des Brunnens hoch und – nein, das wird er nicht tun. Doch, er tut es. Er trinkt dieses alte, braune, warme Wasser, das ganz offensichtlich voller Exkremente ist. Wenn ich es ihm gleichtäte, würde ich wahrscheinlich auf der Stelle unter Höllenqualen sterben. Deshalb entscheide ich mich lieber für die Flasche Mineralwasser, die in Alis Pauschale inbegriffen ist.

Die Sonne knallt ordentlich, und ich schmore trotz meines Cheches, der Creme und der falschen Ray Ban, die ich dem Himmel sei Dank nicht gegen eine Sandrose eingetauscht habe. Ich lasse meinen Gedanken freien Lauf, der eindringliche Rhythmus von Chachis Schritten wiegt meine Tagträume. Sinnesatome fügen sich zu Molekülen zusammen, schwirren durch mich hindurch und fliegen davon, nichts bleibt zurück. Auf einmal merke ich, dass ich unisono mit Mohamed vor mich hin summe. Wie lange schon?

Mo hält an und streckt seinen Finger aus. Was in Universalsprache bedeutet: »Schau dahin, wohin ich zeige.« Vor uns, eine grüngelbe Wolke. Heuschrecken. Ungefähr Milliarden. Immer zwei zusammen, bei der Paarung. Alle. Mo jubiliert. Er streckt die Arme nach vorn aus, macht Fäuste und zieht sie ruckartig wieder zu sich heran, begleitet von einer leichten Hüftbewegung. Was in Universalsprache bedeutet: »Da wird gebumst.« Kilometerweit erstreckt sich dieser endlose Schwarm, eine Heuschreckenorgie unvorstellbaren Ausmaßes. Bestimmt pflanzen sich auf diesen paar Hektar gerade mehr Heuschrecken fort, als es Menschen auf der Erde gibt.

Die Sonne geht unter. Mo bleibt zwischen zwei Dünen stehen. Hier wird das Biwak aufgebaut. Mo bindet die beiden Vorderhufe von Chachi so zusammen, dass er sich noch bewegen, aber nicht davonlaufen kann. Ich nutze die letzten Sonnenstrahlen des Tages, um oben auf einer Düne zu meditieren. Ich laufe barfuß, weil Mo mir versichert hat, dass ich hier keine Probleme mit Schlangen oder Skorpionen haben werde. Ich weiß zwar, dass das nicht stimmt, aber ein dummer Instinkt lässt mich glauben, dass ich nicht in Gefahr bin.

Unten in meiner Tasche habe ich eine Zeitschrift gefunden. Ich lese im Schein der untergehenden Sonne. Ein altes Modemagazin, die perfekte Lektüre für diese Umgebung. Welche dunkle Macht hat mir nur diese Zeitschrift untergejubelt? Ich hätte mir ein Exemplar der *Reisen* von Ibn Battuta besorgen sollen. Ein marokkanischer Marco Polo, der durch Afrika und Asien reiste, der Ceylon, Bagdad, Sansibar und

China besuchte, ohne die Hilfe eines Peugeot, denn er tat das im 14. Jahrhundert. Ich versuche mir die Bewusstseinsebene, das Freiheitsgefühl vorzustellen, das er unterwegs empfunden haben muss, als er sich sagte: »Ich bin der einzige Mensch auf der Welt, der all diese Orte kennt.« Heute muss ich mir meine Wüste mit einer Horde Bretonen, dem Wolf, dem Fuchs und dem Wiesel teilen.

Die Nacht bricht herein und breitet sich aus.

Mo macht Feuer. Ich helfe ihm, Reisig zu sammeln.

Mo macht Tee. Ich schneide Tomaten.

Mo bereitet eine Tajine mit Lamm zu, und zwar sehr schnell.

Ich werde von Heuschrecken angegriffen, die durchs Feuer angelockt wurden und mich pausenlos attackieren. Sie sind zehn Zentimeter lang. Ich schlage wild um mich und zwinge mich, nicht um Hilfe zu rufen. Mo macht sich über mich lustig. Ich sehe mich veranlasst, den Status eines Abenteurers zu relativieren, den man mir manchmal etwas voreilig zuspricht, weil ich gern allein reise.

Ich zeichne eine Karte von Marokko in den Sand, um Mo meine bisherige Reiseroute zu zeigen. Dabei begreife ich, dass dieser Mann niemals bis Marrakesch gekommen ist, wo ich noch gestern war. Mir wird ganz schwindelig. Ich versuche mir vorzustellen, wie viele Menschen auf dieser Erde leben und sterben, ohne jemals die Möglichkeit zu haben, ihren Geburtsort zu verlassen. Mindestens einige Hundert Millionen.

Ich hole ein kleines, tragbares Radio hervor. Mos Augen weiten sich, auf einmal stößt er kleine, spitze Schreie aus, kurz vor dem Schlaganfall. Ich freue mich über seine Reaktion angesichts der Aussicht auf Musik. Leider sind die Batterien leer, und das endlose Brummen der unzüchtigen Heuschrecken wird meine Träume begleiten. Mo legt seine Hände aufeinander, drückt sie an ein Ohr und neigt den Kopf leicht, was in Universalsprache »wir schlafen« bedeutet.

Auf einmal bin ich wie vergiftet von dem unguten Gefühl der Einsamkeit, es schwelt in meinem Bauch. Ich bin zu weit weg von jeglicher Art der Liebe. Ich muss mich zusammenreißen, damit ich keine SMS nach Frankreich schicke. In einem letzten Knistern erlischt das Feuer. Kein einziger existenzieller Geistesblitz durchfährt mich. Bevor ich einschlafe, geht mir noch eine Sache durch den Kopf: »Eigentlich gibt es in Marokko keine Yaks.«

Der Tag bricht an, alles geht seinen Gang. Mohamed kocht Tee, Chachi beachtet uns nicht, und langsam reizt mich die Vorstellung zu duschen. Tagsüber wird der gleiche Weg wie am Vortag zurückgelegt, nur in umgekehrter Richtung. Nichts Besonderes zu vermelden, außer:

»Die Alphabetisierungsrate weltweit steigt, also könnte man meinen, es ginge der Welt nicht allzu schlecht.«

»Die Spekulationsgewinne sind höher als diejenigen der realen Wirtschaft, also geht es der Welt doch schlecht.«

Zurück im Camp, sind die singenden Bretonen weg. Ali ist ein schlechter Geschäftsmann und redet kein Wort mehr mit mir, seit ich ihn bezahlt habe. Ich möchte Mo ein Paar Turnschuhe schenken, aber seine Füße sind zwei Nummern größer als meine. Ich weiß nicht, ob er eines Tages nach Marrakesch kommen wird. Ich hingegen fahre morgen dorthin zurück.

Ich gehe auf die höchste Düne. Die Sonne scheut die Wiederholung nicht und wird bald am Horizont verschwinden. Eine ungeheure Ruhe breitet sich über der Welt aus. So weit das Auge reicht, bin ich allein, allein mit der Schöpfung. Diese ganze Schönheit erdrückt mich.

Auf dem Gipfel der Welt kommen zwei Personen auf mich zu. Zwei Pariser. Ein leitender Angestellter um die fünfzig und sein Macker, ein Araber in den Zwanzigern.

»Guten Abend.«

»Guten Abend.«

»Guten Abend.«

Jedes Wort ist sinnlos. Der Wüstengesang braucht keine Worte. Der Sonnenstern verschlingt den Himmel, Gott existiert, und sein Name ist Stille.

…

…

…

Ein Telefon klingelt. Nachsicht. Er wird vergessen haben, es auszuschalten. Das soll uns die Freude nicht verderben. Verdammte Scheiße, er nimmt ab.

»Nein, Lambert. Sie wissen doch, dass die Akte erst von Gonnet geprüft werden muss, bevor sie an den Präfekten geht.«

Der leitende Angestellte bespricht Geschäftliches mit seinem Untergebenen, der in Levallois-Perret festhängt. Ganze zwanzig Minuten lang. So lange, wie man braucht, um jemanden, der es verdient, umzubringen und seine Leiche zu beseitigen.

Bevor er auflegt, traut er sich zu fragen: »Raten Sie mal, wo ich bin, Lambert.«

Er ist in der Wüste.

Ein wunderschöner Ort, voller Sand und Nervensägen.

Polynesische Episode,
in der offiziell das Ende der Welt erreicht wird

Das Paradies interessiert mich nicht. Auf diesen Trauminseln vergeht man vor Langeweile. Man umrundet sie einmal, geht baden, und anschließend bleibt einem nichts anderes übrig, als sich zu betrinken. Das Meer ist wie eine Mauer. Tahiti zählt für mich als Franzosen noch nicht mal als Ausland. Um ehrlich zu sein, hege ich einen Groll gegen diesen Flecken Erde, denn dort ging der Sänger Joe Dassin von uns. Doch ich habe keine Wahl, dies ist ein beruflicher Auftrag. Ich träume von Pjöngjang und Kampala, aber man schickt mich nach Papeete. Was für ein Drama. Nun gut, immerhin liegt es auf einem anderen Kontinent. Das ist schon mal was.

Brad erklärt mir, dass er gerade ein Sofa gekauft hat und eine Party geben wird, um das zu feiern. Brad ist etwas klischeehaft, aber das kann man einem Fotografen nun wirklich nicht vorwerfen. Schon gar nicht einem Modefotografen. Brad ist ein attraktiver Mann. Er arbeitet hart dafür: Krafttraining und Aufbaupräparate. Er ist mal mit einem Mädchen ausgegangen, das die Ex des Ex von Paris Hilton ist, der Ex, mit dem sie das Sexvideo gedreht hat, das sie berühmt gemacht hat. Brad ist Amerikaner, er reist viel, und er hasst Kinder im Flugzeug, »weil sie die Passagiere wie Möbel behandeln«.

Mein Flug ist überhaupt nicht entspannend. Brad auf der einen Seite, ein dicker, schwitzender, rotgesichtiger Australier auf der anderen. Er hat drei Bier in zwanzig Minuten getrunken und es sich nicht nehmen lassen, eins davon über meine Hose zu kippen. Zwischen zwei Rülpsern gerät er angesichts von Surfvideos ins Schwärmen. Solche Surfer sind der Anlass für diese Reise. Brad wird sie fotografieren, ich werde sie interviewen.

Schon zehn Stunden unterwegs. Nur noch fünfzehn Stunden. Das wird schon klappen, ich darf einfach nicht daran denken, dass ich gern eine rauchen würde. Ich konzentriere mich auf den Gedanken, dass ich nonstop um die halbe Welt fliege. Zwei Ozeane an einem Tag zu überqueren, das gefällt mir. Auch wenn der Ausdruck »Tag« nicht mehr wirklich zutreffend ist, wenn man über zwei Ozeane fliegt. Als Magellans Männer in Sevilla an Land gingen, völlig zugrunde gerichtet von Skorbut und einer dreijährigen Reise, die schlimmer als die Homers war, da irrten auch sie sich im Tag. Ihr Bordbuch sagte Samstag; es war Sonntag. Bei der Erdumrundung verloren sie vierundzwanzig Stunden. Ein großer Schritt für das menschliche Wissen, nun mussten nur noch die Zeitzonen erfunden werden. Zonen, die später für das Phänomen des Jetlags sorgen würden, dem ich mich jetzt stellen muss.

Über Grönland nach Polynesien zu fliegen, ist verwirrend (sicherlich nicht so verwirrend wie die Tatsache, dass Materie gleichzeitig Welle und Teilchen sein kann). Ich befinde mich in Socken über dem Polarkreis, mit dieser Erfahrung kann Magellan sich nicht brüsten. Mein australischer Nachbar schnarcht lautstark, niedergestreckt vom Bier. Auf seinem Schoß zeigt der Laptop weiter Bilder von elegant gleitenden Männern, die die Kräfte des Meeres bezwingen.

Wie erwartet verteilen am Flughafen von Papeete Tahitianerinnen Blumen, und Tahitianer spielen Ukulele als Willkommensgruß. Erster Eindruck: Das hier ist die südliche Hemisphäre, und die örtlichen Prachtstraßen sind hier einfach so nach Charles de Gaulle benannt. Sogar einen Jacques-Chirac-Platz gibt es. Auch Palmen und die französische Möbelhauskette But. Papeete ist normal hässlich. So wie zum Beispiel Hyères.

Brad setzt sich hinters Steuer, wir fahren einmal quer über die Insel, und zwei Stunden nach der Landung habe ich schon einen Scoop, der das Tourismusbüro erzittern lassen wird.

AUF TAHITI GIBT ES KEINE WIRKLICH TOLLEN, WEISSEN SANDSTRÄNDE.

Es gibt Strände. Es gibt Sand, schwarzen Vulkansand. Den weißen, feinen Sand von den Postkarten findet man eher auf Moorea, der Nachbarinsel, oder Bora Bora, ein paar Hundert Kilometer entfernt. Eine Welt bricht zusammen, das Paradies ist nicht mehr das, was es einmal war. Brad ist enttäuscht. Diese Verwechslung wird offenbar geschickt aufrechterhalten von den Inselbewohnern, denen daran gelegen ist, ihren touristischen Mythos zu bewahren, und von den Reisenden, die nach ihrer Rückkehr nicht für Vollidioten gehalten werden wollen: »Na, Raoul, ist Tahiti wirklich so paradiesisch, wie man immer hört, mit Kokospalmen auf goldenem Sand und einem azurblauen, endlosen Himmel?«

»Noch viel besser, Jean-Paul. Dafür gibt es keine Worte.«

Man kann ihnen das nicht übel nehmen, der Ticketpreis rechtfertigt schon mal eine kleine Lüge.

Tahiti besteht aus zwei Teilen, einer Hauptinsel, die durch die Landenge von Taravao mit einer Halbinsel verbunden ist. Das Inselinnere ist bergig, die gesamte Bevölkerung lebt an der Küste. Von oben sieht es aus wie ein Stück Erde, das ein anderes säugt, oder eine Zelle, die sich teilt und gerade ihren Zwilling zur Welt bringt. Auf der Erde liegen Träumer in den Feldern und stellen sich beim Betrachten der Wolken Formen vor. Ich mache es lieber andersherum. Wenn man sich wirklich konzentriert, dann bemerkt man zum Beispiel, dass Borneo wie ein Panda aussieht, der gerade gähnt.

Das Dorf Teahupoo liegt am Ende der Halbinsel. Hier hört die Straße auf. Ein Kilometerstein zeigt den Kilometer 0 am Ende der Welt an. Ein paar Essensbuden. Eine Fußgängerbrücke, die über einen Wasserlauf führt, der sich in den Ozean ergießt. Ein Seerosenteich. Ein kleiner Strand (ohne weißen Sand), wo sich die Kinder aus dem Dorf den Wellen stellen, den harmlosen. Teahupoo ist ein Mythos für Surfer. Hier brechen sich die spektakulärsten Wellen der Welt. Auch die gefährlichsten. Bis zu fünfzehn Meter hoch, und darunter das Korallenriff, das fünfzig Zentimeter unter der Wasseroberfläche lauert. Du fällst, du blutest. Manchmal stirbst du. Das reicht, um eine ganze Horde professioneller Surfer anzulocken, die dem Tod ein Schnippchen schlagen wollen. Sie sind alle da. Diese Woche findet eine entscheidende Station der Weltmeisterschaft statt. Das normalerweise eher ruhige Dorf gerät in Wallung, doch infolge der Luftfeuchtigkeit brodelt es nur auf Sparflamme.

Die Eröffnungszeremonie des Wettkampfs ist richtig, richtig beschissen, mit:

– einem Gebet auf Tahitianisch, gesprochen von einem Pastor, der eine Michelin-Kappe trägt;

– einer Schweigeminute für einen gewissen Zorro, die durch einen Pfeifton und ein paar klingelnde Handys unterbrochen wird;

– einer Rede des »Sportministers«, der zwei Stunden zu spät kommt, ohne sich zu entschuldigen. Ein Conseiller Général mit der Visage eines Mafioso, zerfurchten Zügen und tückischem Blick, geblümtem Hemd und Kamm in der Tasche;

– einer Rede auf Englisch eines Herrn namens Derek, ein jung gebliebener Fünfzigjähriger, den man öfters mit freiem Oberkörper antreffen kann und der sich dadurch auszeichnet, dass er das multinationale Unternehmen leitet, das dieses Ereignis sponsert;

– einer Vorführung des lokalen Tanzes, einer Art Haka, bei der die Polynesier von beeindruckender Statur mit grimmiger Miene ihre Beine in den Boden stampfen. Brad macht Fotos, ich versuche mir vorzustellen, wozu derartige Gesten früher dienten. Auf den ersten Blick hat es was von Kriegsgesang (keine Angst), Geisterbeschwörung (Angst) und Balz. Hier nutzt man jede Gelegenheit, um die Tradition aufzuwerten. Prosaischer gesprochen ist es ein gutes Konditionstraining und kommt sicher einer intensiven Pilatesstunde gleich. Diese Polynesier sind Kraftpakete. Um das Jahr 300 unserer Zeitrechnung kamen ihre Vorfahren in Auslegerkanus von dem indonesischen Archipel und den Fidschis. Dazu braucht man Bizeps.

Etwas abseits der Zeremonie machen die Bad Boys der Gegend auf starke Macker. Protzige Tätowierungen und geiler Rap aus der Anlage im Auto – wie überall. Zwei Typen bieten Pakalolo an, das hiesige Gras. Crack und Ice, die nicht gerade zu den Spaßdrogen gehören, laufen hier extrem gut. Die Inseln laden zu einem Trip ein.

In den Neunzigerjahren des 18. Jahrhunderts sind es Walfänger und europäische Händler, die hier Alkohol, Feuerwaffen und ein paar neue Krankheiten verbreiten, sodass die Bevölkerungszahl stark abfällt. Dabei hatte alles so gut begonnen. Der Bericht Bougainvilles, der 1768 an der Insel anlegt, schildert den herzlichen Empfang und das süße Nichtstun der Einheimischen. Hier beginnt der Mythos vom paradiesischen Tahiti. Das Wetter ist schön, und die Frauen stellen ganz selbstverständlich ihre Brüste zur Schau. Das passt perfekt in eine Epoche, die sich in Fantasien über den Edlen Wilden ergeht, ein weiterer Mythos, der schon bald mit Fragezeichen versehen wird. In dem Jahr vor Bougainvilles Ankunft hatten die Tahitianer Samuel Wallis, den ersten europäischen Besucher, mit einem Angriff auf sein Schiff empfangen. Der empfindliche Engländer hatte daraufhin einige Einheimische, die keine Feuerwaffen besaßen, abgeschlachtet. Angesichts dieser Anekdote kann man die Ergebenheit der Tahitianer gegenüber Bougainville besser nachvollziehen. Geschichte ist eine Abfolge von Missverständnissen.

Bougainville verbrachte nur etwa zehn Tage auf der Insel. Ich werde etwas länger bleiben.

Wir sind in einem großen, traditionellen Haus untergebracht, mit Meerblick (unnötig zu erwähnen, denn hier geht alles aufs Meer hinaus). Bei Martine und Henri. Sie: Tahitianerin, ein Energiebündel im Haushalt, fünfundfünfzig Jahre. Ehemalige Schönheitskönigin, immer ein Lächeln im Gesicht. Er: Konteradmiral der französischen Armee im Ruhestand, unzählige Weltreisen, fünfundsiebzig Jahre. Er sieht immer unzufrieden aus, aber ich rede gern mit alten Leuten. Er bringt mich auf den neuesten Stand in Sachen Tahiti. Hier muss man auf der Hut sein: Steinfische (sehr fiese, letztes Jahr war ein brasilianischer Journalist zwei Wochen im Krankenhaus), Korallen (lebende), Tausendfüßler (giftige), Wellen (tödliche), Hunde (Mischlinge), Mücken (sehr viele), Schnittwunden unterhalb des Knies (rasend schnelle Infektion, Wundbrand, Amputation, Tod). Laut Henri muss man den Tahitianern gegenüber, die betrunken ganz wild werden, stets misstrauisch sein: »Der Alkohol zerstört die Männer. Das hier ist eine matriarchalische Gesellschaft. Die Frauen halten den Laden am Laufen.«

Jedes Mal, wenn Martine ihn um etwas bittet, seufzt Henri. Sie reden nur miteinander, wenn es um rein praktische Dinge geht, in ihrem Miteinander zeigt sich keinerlei Form von Zärtlichkeit. Jeden Morgen fährt Henri einmal mit dem Rad um die Insel. Den Rest des Tages werkelt er herum und widmet sich Princesse, einem kleinen, lächerlichen Dackel, den er wegen jeder Kleinigkeit verhätschelt. Henri ist rührend, ein alter Reaktionär eben. Er verbringt das Ende seines ausgefüllten Lebens auf der anderen Seite der Welt, eine tiefe Unzufriedenheit scheint auf seiner Seele zu lasten. Unter den kreuz und quer verteilten Sternen erzählt er mit einem Whiskey in der Hand, es regne manchmal drei Wochen lang, Tag und Nacht, ununterbrochen. Henri leert sein Glas. Am Himmel wacht das Kreuz des Südens über seine Melancholie, und offensichtlich tröstet ihn das nicht.

Brad nutzt das Morgenlicht, um ein siebzehnjähriges Model abzulichten, das auf einem Surfbrett posiert. Eine niedliche Australierin mit Stupsnase, dunkler Haut und winzigem Hintern. Während des Interviews betont sie, wie wichtig Yoga in ihrem Leben ist. Brad mischt sich ein und erklärt, er lese Bücher über Hypnose, um »besser zu werden«. Das hilft ihm dabei, effektiv zu arbeiten. Zudem meditiert er und treibt lebensgefährlichen Kampfsport. Ich habe bemerkt, dass man Kampfsportanhänger niemals auf ihr Hobby ansprechen sollte. Sie fühlen sich dann dazu verpflichtet, ihr Können zu demonstrieren. Brad ist da keine Ausnahme.

»Greif mich mit einem Messer an.«

»Warum sollte ich das tun, Brad?«

»Na, damit du siehst, wie man sich verteidigt.«

»Aber ich hab kein Messer.«

»Tu so, als hättest du eins, und greif mich an.«

Halbherzig greife ich Brad mit einem imaginären Messer an. Ausweichen, Armhebel, Ausschalten des Gegners. Im Nu hat Brad mir ein nicht vorhandenes Messer abgenommen, wirklich eine enorme Leistung.

»Und zack, kracht es im Ellenbogen.«

Ich habe den Eindruck, dass Brad es als persönliche Niederlage empfindet, wenn er nicht mit allen Models schläft, die er fotografiert.

Der Surfweltmeister ist dran. Er mag keine Interviews, aber er ist Fan von Duran Duran. Seiner Meinung nach ist es wichtig, seine Träume zu verfolgen. Er denkt, dass Surfen besser als Sex ist. Brad unterbricht ihn, um zu erzählen, dass sein Vater mit siebzig Jahren immer noch vögelt (Viagra), und packt erneut seine Paris-Hilton-Story aus. Wir lassen ihn im Smoking im Wasser posieren, das Brett in der Hand. Brad schenkt ihm ein Polaroid des Shootings, und der Weltmeister freut sich wie ein Kind. In seinem Metier ist Brad gut. Er beherrscht die sanfte Manipulation. Wahrscheinlich auch Hypnose. Bei Unterhaltungen hat er diesen amerikanischen Trick drauf, der darin besteht, eigentlich nichts zu sagen, was aber insofern ganz nützlich ist, als die Leute so miteinander ins Gespräch kommen. Auf dem Weg zum nächsten Kunden höre ich, wie Brad dem Weltmeister erklärt, dass er jedem, der seine Freundin als Nutte beschimpft, den Schädel einschlagen würde. Eigentlich ist das nur ein Beispiel, denn er hat momentan gar keine Freundin.

Mein nächster Interviewpartner ist auch schon Weltmeister gewesen. Er hat vor zwei Jahren gewonnen. Während der Erste ein scheußlicher Typ war (aber was soll man von einem Duran-Duran-Fan auch erwarten?), erweist sich dieser hier als ausgesprochen freundlich. Er ist ein guter Kerl, das sieht man ihm an. Er könnte von nebenan sein, der Typ, dem man ein paar Dollar in die Hand drückt, damit er nach der Schule den Rasen harkt. Er gehört zu den christlichen Surfern, einer neuprotestantischen Bewegung. Mit der Bibel in der einen Hand und dem Brett in der anderen versuchen sie, wie ihr Idol über das Wasser zu gehen, und verkünden Gottes Wort den Leuten, die nicht darum gebeten haben. Dementsprechend befindet sich mein Weltmeister auf dem rechten Weg, raucht keine Joints, betrügt seine Frau nicht. Er verwirklichte seinen Plan, Profisurfer zu werden, doch letztlich füllte ihn das nicht aus. Glücklicherweise kam Gott damals vorbei, und seitdem läuft alles gut. Dieses Gerede von wegen *born again* habe ich schon zig Mal gehört. Immer haargenau das gleiche Muster. Gott führt seine Beziehungen auch nur nach dem Schema F.

Am Nachbartisch sitzt die lebende Surflegende. Derjenige, der alles erfunden, alles hundert Mal gewonnen und Pamela Anderson gebumst hat. Er isst ein Omelett.

All diese Jungs leben zusammen wie in einem ewigen Ferienlager, reisen um die Welt, von einem Spot zum nächsten, essen Cornflakes und Mayo-Sandwiches in Mietunterkünften, mit freiem Oberkörper, und lassen sich von ihrem Coach bemuttern. Abends sitzen sie am Grill und trinken Bier. Jedes Jahr reisen sie zu einem festen Termin nach Hawaii, an die australische Gold Coast, nach Brasilien, Südafrika oder Lacanau und haben keine Zeit, die Orte auf ihrer Route kennenzulernen. Unter die Oberfläche zu schauen, ist für sie uninteressant, sie müssen sich über Wasser halten. Sie verdienen gut, sie sind Stars. Dank ihrer sportlichen Leistungen kommen sie für den Status des Übermenschen infrage. Muskulös und braun gebrannt, das versteht sich von selbst. Nicht allzu groß wegen des Körperschwerpunktes. Ihre Freundinnen sind Augenweiden, strahlen vor Gesundheit und Jugend, all das liegt auf der Hand. Man könnte sich über diese Pseudospiritualität lustig machen, die die Welt des Surfens umgibt, diesen gewollt coolen Pantheismuskram, dem zufolge der Mensch in seinem Handeln eins wird mit der Natur, aber das tut gar nicht not. Diese Jungs widmen ihr Leben der Schönheit der Bewegung und wachsen dabei über sich selbst hinaus, noch dazu auf fotogene Weise. Sie ziehen vollkommene Furchen, stets im Gleichgewicht zwischen der Perfektion und dem Tod. Das ist nicht ohne.

Martine zertrümmert eine Kokosnuss mit einer Machete. Die Milch gießt sie in ein Senfglas mit einem Asterix-Bild und setzt sich auf die Stufen vor ihrem Holzhaus, um mir ein paar Akkorde auf der Ukulele beizubringen. Sie trägt einen Pareo und eine Blüte im Haar. Man könnte sie als pittoresk bezeichnen. 1819 wurde das erste Gesetzbuch Tahitis unter dem Einfluss der englischen Missionare verfasst, darin wurden Nacktheit, »unzüchtige« Tänze, Tätowierungen und Blütenschmuck verboten. Im weiteren Verlauf des Jahrhunderts war dann Frankreich an der Reihe und erdrückte die Kultur Tahitis mit den Werten der Republik. Ich hätte gern Martines Meinung dazu gehört, aber Henri antwortet:

»Welche Kultur denn? Das ist doch keine Kultur«, murrt er, während er an seinem Fahrrad herumschraubt.

Martine zuckt mit den Schultern und verpasst, sobald ihr Mann nicht hinschaut, dem Dackel einen leichten Tritt. Sie erklärt mir, dass in den Siebzigerjahren der Wunsch nach einer Rückkehr zu den polynesischen Wurzeln aufflammte, zu einem »präkolonialen goldenen Zeitalter«, das oftmals auf falsche Weise neu interpretiert wurde. So ist zum Beispiel die Ukulele zum Symbol Tahitis geworden, obwohl sie aus Hawaii stammt. Genauso wie das Surfen.

»Man eignet sich etwas aus dem Volkstum neu an und

malt sich dabei aus, wie es sein soll«, versuche ich das Gesagte zusammenzufassen und klimpere ein bisschen in d-Moll.

»Es ist noch viel besser – oder schlimmer. Wir eignen uns das Bild an, das sich die Weißen von unserer Kultur gemacht haben.«

»Jedenfalls habt nicht ihr das Rad erfunden«, mischt sich Henri ein und blickt zufrieden auf sein Fahrrad.

Er steigt auf, fährt mit einem Kopfnicken, das »Bis später« heißen soll, an uns vorbei und beginnt mit seiner täglichen Inselrunde. Er muss das schon ein paar Tausend Mal gemacht haben. Wie im Hamsterrad. Ich sehe ihn vor mir, wie er Tag für Tag einen unsichtbaren Ausgang an der Küstenlinie sucht und Tag für Tag zurückkommt, bezwungen von der unbestreitbaren Tatsache: Tahiti ist eine Insel.

Auf Moorea – das war keine Lüge – sind die Strände paradiesisch. Brad hat darauf bestanden, die Fähre bis hierher zu nehmen, um den einheitlich weißen Sand zu fotografieren. Er legt großen Wert darauf, dass die Wirklichkeit mit der Vorstellung, die er davon hat, übereinstimmt.

Kein Mensch weit und breit. Ich liege auf dem perfekt temperierten Sand, das Plätschern des klaren Meeres wiegt mich in den Schlaf, die Palmen lassen ihren schützenden Schatten über meine sonnenverwöhnte Haut wandern, und ich bin deprimiert. Das Paradies bringt mich zur Verzweiflung. Es ist ein Ort der Erholung. Aber der Gedanke, mich hier zu erholen, während sich in Beirut und Tirana gerade Wichtiges tut, erfüllt mich mit Angst.

Brad lächelt breit. Er verkündet jedem, der es hören will, also mir: »This is it, dude.«

Seine Begeisterung erfreut mich, man könnte meinen, er wäre in seinem Leben einen wichtigen Schritt weiter gekommen. Ich beschließe, einen Sandkuchen zu formen, um etwas zu bauen, das mich auf weniger düstere Gedanken bringt. Womöglich bin ich letzten Endes nur ein großer Dummkopf. Ich sollte mich bemühen, das wertzuschätzen, was mir zufällt. Welcher Idiot beschwert sich bitte über seinen Platz mitten im Paradies?

Als wir nach Teahupoo zurückkommen, ist die ganze Atmosphäre wie elektrisiert. Die Menschen sind so aufgeregt, dass alles um sie herum vibriert. Der Weltmeister läuft vorbei, ich frage ihn, was los ist. Er rennt weiter und schreit: »Insane, that's fucking insane, man.«

Das ganze Dorf hat sich am Strand aufgestellt. In der Ferne türmen sich Monstren auf, in regelmäßigem Rhythmus, wachsen bis ins Unermessliche an und zerbersten am Korallenriff. Kleine Figuren versuchen zaghaft, auf ihnen zu reiten. Das Meer hat neue Maßstäbe gesetzt.

»So was hab ich noch nie gesehen.«

Derjenige, der diesen Satz sagt, ist ein Dorfbewohner, der seit einem halben Jahrhundert hier lebt.

»So, das war's. Eben waren sie noch doppelt so hoch.«

Der Mann spricht ganz leise, die Natur hat ihre Stimme erhoben.

Ein paar Monate später sehe ich die Dokumentation »An diesem Tag«. Darin geht es um jenen Tag, an dem die maßlos großen Wellen allem trotzten, was das menschliche Erinnerungsvermögen zu bieten hatte. Ein historischer Augenblick, von dem die Surfer später ihren Kindern abends beim Grillen erzählen werden.

Ich habe diesen Tag verpasst, ich habe diese Welle verpasst. Da ist man für einen Moment nicht bei der Sache, und das Leben zieht an dir vorbei, ohne auf dich zu warten. Ich wünschte, dass es mir egal wäre, aber das schaffe ich nicht. Wenn die Kunst des Tourismus darin besteht, zur richtigen Zeit am richtigen Ort zu sein, gebe ich ein miserables Vorbild ab. Gern würde ich die Schuld dem Amerikaner in die Schuhe schieben, der unbedingt das Paradies fotografieren wollte, aber ich hätte ihm ja nicht folgen müssen. Das Paradies ist an keinen Ort gebunden. Es wandert über die Erde und schenkt all jenen flüchtige Augenblicke, die sie zu ergreifen wissen.

Mini-Zwischenspiel,

in dem eine Liste der lächerlichen Länder aufgestellt wird

Lächerliches Land Nummer 1

Liechtenstein weist diverse Eigenschaften auf, die sonst kein anderes Land besitzt. Es ist eines von zwei Ländern auf der Welt, die eine doppelte Enklave bilden. Das heißt, man muss zwei Länder durchqueren, um zum Meer zu kommen, was auch noch bei Usbekistan der Fall ist.

Neben seinem Status als Steuerparadies, seiner grotesken Oberfläche, seinem Stolz darauf, der letzte Überrest des Heiligen Römischen Reiches zu sein, ist Liechtenstein die weltweite Nummer eins im Export von Zahnprothesen.

Ich gehöre zu jenen Menschen, die schon in Liechtenstein waren. Ich war damals klein und erinnere mich nicht mehr gut. Es war ein bisschen wie die Schweiz und ein bisschen wie Österreich.

Lächerliches Land Nummer 2

Im Vatikan gibt es eine Fußballmannschaft, was aber noch nicht für eine Liga reicht. Jeder weiß, dass der Vatikan der kleinste Staat der Welt ist, dass er unter der Schirmherrschaft von Benito Mussolini entstand und dass er die meisten Meisterwerke pro Quadratmeter aufweist. Die Sixtinische Kapelle ist recht hübsch gestaltet, doch sie hat mich deutlich weniger begeistert als die Galerie der Landkarten, ein Tunnel voller geografischer Fresken aus der Renaissance, die beweisen, dass die Kartografie eine der wichtigsten Künste ist. Ein Himmelreich auf Erden für Geoneuropathen.

Anmerkung: Als ich dort war, gab es ein riesengroßes Werbeplakat für einen Mobilfunkanbieter auf dem Petersplatz.

Lächerliches Land Nummer 3

Ich habe in Luxemburg einen Stopp eingelegt, um zu tanken, auf dem Weg nach Amsterdam. Das zählt. Im Gegensatz dazu habe ich mich zwölf Stunden in Venezuela aufgehalten, allerdings durfte ich den Flughafen nicht verlassen. Das zählt nicht.

Lächerliches Land Nummer 4

Das Fürstentum Monaco ist das einzige Land auf der Welt, dessen Staatschef ich getroffen habe. Das war auf einem anderen Kontinent, und ich trug Flip-Flops. Wir haben ein Bier zusammen getrunken und uns über Fallschirmspringen und den Klimawandel unterhalten. Was die Leute in Bezug auf Monaco nie erwähnen, ist, dass es dort quasi unmöglich ist, mit dem Auto umzudrehen. Wenn man mal seine Ausfahrt verpasst, dann muss man das Staatsgebiet verlassen. Außerdem lebt dort Ringo Starr.

Brasilianische Episode,

in der man Arme aus der Nähe sieht

In den meisten Ländern merkt man an meiner Hautfarbe, dass ich Gringo bin. Ich trage den Westen mit mir herum und werde ihn nicht los. Meine Herkunft ruft Faszination oder Ressentiments hervor und die volle Bandbreite an Vorurteilen, die zwischen beiden liegt. Die meistverbreitete Vorstellung ist die, dass meine Brieftasche dicker ist als jene des Einheimischen. Ein kleiner Junge bittet um eine Münze, ein Teenager bietet mir Shit an, der Alte verkauft zum 24. Mal am Tag eine vergammelte Muschelkette: unvermeidliche Situationen in Ländern ohne Sozialversicherung. Hinter jeder Reiseanekdote steckt die Nord-Süd-Thematik. Der Tourist kann dem bedürftigen Einheimischen auf unterschiedliche Art und Weise begegnen, wie hier kurz erläutert werden soll:

1. Gleichgültigkeit: *Ich bin nicht für das Elend auf dieser Welt verantwortlich.*
Dieses Kerlchen ist zwar ganz süß mit der ausgestreckten Hand und dem durch Unterernährung angeschwollenen Bauch, aber jeder hat so seine Probleme, mein kleiner Freund. Sieh mal, mein Handy, zum Beispiel, hat keinen Akku mehr, und deswegen kann ich jetzt nicht mehr allen auf den Geist gehen.

2. Mitgefühl: *Ach, du meine Güte, wie schrecklich, dieses Kind ist barfuß.*

Eine edle Haltung, die jedoch nicht unproblematisch ist. Häufig ineffizient, mitunter sogar kontraproduktiv. Dem kleinen Jungen ein Paar Schuhe zu geben, mag zwar sein Leben verbessern. Man darf indes nicht vergessen, dass ein größerer Junge sie ihm wahrscheinlich schon nach den ersten hundert Metern abnimmt.

3. Gereiztheit: *Du musst halt arbeiten, du Faulpelz.*

Ich habe schon Touristen gesehen, die Kinder, die höflich um etwas Kleingeld baten, beleidigt und gewalttätig weggeschubst haben. Für diese Menschen empfehle ich den Entzug des Reisepasses.

4. Schuldgefühl: *Ich bin ein Monster, gerade habe ich mir meinen ersten Drachenflug geleistet, und nun weigere ich mich, diesem Kind eine Limonade zu kaufen.*

Das Vorhandensein eines Gewissens belegt, dass man ein Gewissen hat. Man ist sich seines Unrechtsbewusstseins bewusst, also ist man irgendwo auch ein guter Mensch. Schuldgefühle sind Ausdruck von Narzissmus.

5. Theoretisieren: *Die Gesellschaft ist an alledem schuld.*

Man hat die Bedeutung der gesellschaftlichen Trägheit und die für das Elend verantwortliche blinde Habgier der Finanzinstitute perfekt analysiert. Auch nach dieser Feststellung hat das Kind immer noch Hunger.

6. Dandytum à la Jesus: *Lasst uns unsere Ohnmacht stilvoll beweinen.*

Das sieht beispielsweise so aus, dass man einem schlafenden Penner ein Bündel Scheine unterjubelt. Immer das nötige Kleingeld für eine Caipirinha dabeihaben. Darin zerfließen dann die Tränen, die uns angesichts des Elends dieser Welt kommen.

Der Tourist schwankt je nach Gemütszustand zwischen diesen Anwandlungen. Manchmal hilft er. Seine bloße Anwesenheit füllt Bäuche. Manchmal verfälscht, entstellt, verwüstet er die Orte, die er besucht, meistens aus Unkenntnis. Er rettet die Welt nicht, das ist nicht seine Aufgabe. Letztlich fährt der Tourist immer wieder nach Hause.

Von dem Pool auf dem Hoteldach aus erkennt man gut, wie sehr die Topografie von Rio ein gesellschaftliches Nebeneinander auf engstem Raum bewirkt. Der Strand, ein paar Hundert Meter Überfluss, und direkt dahinter die Hügel der Favelas. Zudem offenbart dieser Panoramablick, dass Rio de Janeiro die schönste Stadt der Welt ist.

Die Postkarte von Ipanema stimmt: ein idyllischer Küstenstrich, schöne, fast nackte Mädchen am Strand, eine harmonische Mischung aus Surfern und Bossa Nova. Was jedoch nicht heißt, dass der Carioca am Strand Fußball spielen würde. Er spielt lieber mit perfekt geformten Brustmuskeln Volleyball, um bei den Mädchen Eindruck zu schinden. Drei Straßen hinter der Postkarte liegt Brasilien. Dieses Riesenland, das es zwar versteht, Wachstum und einen höheren Lebensstandard unter einer linken Regierung durchzusetzen, aber gleichzeitig daran scheitert, die verheerende Verbrechensrate zu senken.

Don't be a gringo. Das fordert der Prospekt. Abgesehen von der Tatsache, dass ich nicht gern im Imperativ angesprochen werde, ist es nun einmal so, dass ich Gringo bin und nichts dafür kann. Ich werde mich durch einen Slogan nicht gleich in einen Brasilianer verwandeln. Der Name dieser Agentur – zugegebenermaßen recht gut gewählt – zieht Besucher an, die die unumgänglichen Spots umgehen wollen, indem sie ihnen Ungewöhnliches anbietet. Verlockend für all jene, die sich mit dem Zuckerhut und dem Corcovado nicht zufriedengeben, die allerdings einen Umweg wert sind. Der Tourist ist es leid, die Sehenswürdigkeiten, die zum Welterbe der UNESCO gehören, abzuklappern, nur um sie auf seine Trophäenliste zu setzen, er dürstet nach menschlichen Begegnungen und Abwechslung. Doch sofern er zur Mittelklasse gehört, ähnelt der Mensch vom anderen Ende der Welt – ob Russe oder Brasilianer – ihm immer mehr. Er kleidet sich bei H & M ein, er ist nicht länger *der Andere*. Exotisch, das ist der Not leidende Mensch. Die Bezeichnungen *authentisch* und *arm* sind häufig austauschbar. Das Problem dabei: Der Bedürftige ist möglicherweise ausgehungert und somit gefährlich. Ihn anzutreffen ist gar nicht so einfach. Viele Faktoren tragen zum wachsenden Erfolg des *poorism* bei. In Rio, Soweto oder in den südlichen Vierteln von Los Angeles heißt es: Lernen Sie den Abschaum der Gesellschaft kennen – mit Sicherheitsgarantie. *Don't be a gringo* bietet mit seinen Favela-Touren Ausflüge dieser Art an. Dabei ist es nicht gerade ruhmvoll, eine voyeuristische Gänsehaut zu bekommen. Trotz des humanitären Alibis bleibt es ein Besuch im Zoo der Armen. Ich werde dennoch hingehen und es mir ansehen. Das muss man sich einfach ansehen.

Rocinha ist die größte Favela Südamerikas. Eine Anlaufstelle für Neuankömmlinge, man weiß nicht genau, wie viele Hunderttausende hier zusammengepfercht werden. Motorradtaxis fahren uns auf den Gipfel des Hügels. Weiter Blick von oben auf die Stadt, ein prismenartiges, buntes Muster des Labyrinths in Schräglage, mit der Wäsche, die auf den Dächern trocknet. Das Gefälle ist stark. Erdrutsche nach Regenfällen, die die Wohnungen wegfegen, sind keine Seltenheit. Rocinha ist trotzdem kein von der Welt verlassener Slum aus Wellblech und Kartons. Es gibt dort viele Massivhäuser, ein Geschäftsleben, und das Viertel ist an das städtische Verkehrsnetz angeschlossen.

Die Tour ist weniger steril als angenommen. Ich habe mit einer Fahrt in einem klimatisierten Van und Pausen an sauberen Orten gerechnet, wo man schnell drei Fotos knipsen kann. Wir gehen zu Fuß die schmalen Gassen voller Müll hinab, lassen uns Zeit und flanieren gemütlich inmitten der Bewohner. Unsere Gruppe ist klein, acht Backpacker unter dreißig. Isabella ist fünfundzwanzig und diplomiert. Sie ist unser Guide. Das Abbild einer Beach-Brasilianerin, lange, lockige Haare und schwingende Hüften in hautengen, knappen Shorts. Sie stammt nicht aus der Favela. »Macht euch keine Sorgen. Das erste Mal, als ich hierherkam, dachte ich, man würde mich umbringen, aber eigentlich sind die Leute ganz reizend.« Das stimmt. Der Empfang ist herzlich, die Gespräche sind unverfänglich. Isabella klatscht mit allen

Kindern, die sie trifft, ab. Da bummele ich also durch eine brasilianische Favela, und dabei habe ich noch nie einen Fuß in die *Cité des 4000* in der Pariser Banlieue gesetzt, ein paar Metrostationen von meinem Zuhause entfernt. Der soziale Abstand lässt sich nicht in Kilometern messen.

Auf der Treppe kommt uns ein Mann entgegen. Er trägt zerschlissene Shorts, Flip-Flops, die nicht dazu passen, und eine Pumpgun. Das musste ja kommen. Eine Panne. Im günstigsten Fall raubt er alle Touristen aus. Vielleicht haben wir Glück, und er ist nur ein Dieb. Aber woher soll man das wissen? Er kann genauso gut ein perverser und sadistischer Junkie sein, der unsere Leichen schänden und mit unseren Schädeln jonglieren wird. Brasilianer stehen auf Jonglieren, das ist allgemein bekannt.

Der Psychopath kommt näher. Ich bemühe mich um einen unbeteiligten Gesichtsausdruck – in meinem Kopf zähle ich alle afrikanischen Hauptstädte auf, um mich zu entspannen. Der Terrorist geht an unserer Gruppe vorbei, ohne uns auch nur eines Blickes zu würdigen.

Ich bin enttäuscht, er hätte uns wenigstens ausrauben können. Das wäre das Mindeste gewesen. Wir sind ihm wohl nicht gut genug, oder was? Zieht der Herr es vor, Amerikaner zu überfallen?

Zusatzerklärung von Isabella: »Das habe ich vergessen, euch zu sagen: Die einzige Regel, die man hier einhalten muss, ist es, bewaffnete Männer nicht zu fotografieren.« Wir werden noch zwei anderen Exemplaren dieser Spezies über den Weg laufen. Sie gehören zur lokalen Miliz, Soldaten der Bande *Amigos dos Amigos*, die die Stadt im Griff hat. »Rocinha erwirtschaftet vier Millionen Dollar an jährlichen Einnahmen durch Gras, Crack und Kokain«, erläutert Isabella, als würden wir eine Fair-Trade-Kaffeefabrik besichtigen.

Eine Anekdote, die sie uns erzählt, deckt sich mit Presseberichten: Eine Gruppe Ganoven aus der Favela raubt ein reiches Pärchen aus. Anstatt sich darauf zu beschränken, spielen sie mit ihren Opfern und schmeißen den Mann von einer Steilküste. Die Medien verbreiten diese reißerische Lokalmeldung, die Öffentlichkeit übt Druck auf die Polizei aus. Die Angreifer werden vor dem Kommissariat abgeliefert, gefesselt und ordentlich zugerichtet. Damit wollen die Favela-Bosse sagen: Wir betreiben hier in der Stadt Schadensbegrenzung, nehmen das Recht selbst in die Hand, dafür kommt ihr nicht in unser Viertel. Ab und an wird der Deal ausgesetzt, wenn die Armee beschließt, die Kontrolle über eine Favela mithilfe von Panzern wiederzuerlangen.

Isabella betont die Tatsache, dass neunzig Prozent der Bevölkerung von Rocinha nichts mit Kriminalität am Hut haben. Die Einwohner sind Kellner, Taxifahrer, Arbeiter oder Putzfrauen, das Durchschnittseinkommen liegt etwa bei zwanzig Euro pro Monat. Ganz normale Menschen, die unter der Herrschaft der Banden leben.

Erkauft sich der Veranstalter unsere Sicherheit bei den Anführern? Isabella weist das kategorisch zurück, weil sie gezwungen ist, zu lügen: »Sechzig Prozent vom Ticketpreis gehen an die Sozialeinrichtungen der Gemeinde«, versichert sie. So sieht der ursprüngliche Vertrag aus, und sicherlich stimmt das. Doch diese Einrichtungen können nicht ohne den Bandenschutz funktionieren. Ich stelle mir vor, mein Besuch hat es einem Kind ermöglicht, sich Hefte, und einem vierzehnjährigen Soldaten, sich eine Glock zu kaufen.

Ende der Tour, zurück nach Rio. Am Fuße des Hügels werfe ich einen letzten Blick auf Rocinha. Von außen betrachtet wirkt es einschüchternder. Meine Touristengruppe verlässt die Favela zufrieden. Sie sind gekommen, um Arme aus der Nähe zu sehen. Und das haben sie.

Am Samstag ist Funk-Party. Das öffentliche Tanzvergnügen der Favelas, das Äquivalent zur Hip-Hop-Block-Party. Gettomusik, die sich um Knarren, gesellschaftliche Probleme und vor allem um Sex dreht. Jedes Wochenende mischt die Mittelklasse sich unter die Unterschicht auf den Feten der Armen, die wissen, wie man Spaß hat. *Don't be a gringo* organisiert auch Ausflüge zu diesen Funk-Partys.

Ich mache also noch eine Tour mit der Agentur und finde mich auf einem verlassenen Gelände außerhalb, weit außerhalb der Stadt, in den Vorstädten von Rio wieder. Wir sind ganz und gar nicht in einer Favela. Abzockerei. Die haben die Funk-Party in einen Hangar in einer gesicherten Zone verlegt. Das Publikum hingegen kommt sehr wohl aus den Favelas. Schirmmützen, Muskelshirts und Ketten bei den Männern. Hauteng Fummel und Keilabsätze bei den Frauen. Schlechter Rum für alle.

Die Musik wäre sicher interessant, wenn man sie hören könnte. Die Lautstärke übersteigt die Grenzen des Vorstellbaren. Ein zäher Brei aus fetten Beats, die gegen die Metallwände prallen. Verbale Kommunikation ausgeschlossen, stattdessen Körpersprache. Das Wummern der Bässe bindet und löst den Gesprächsfaden, die Hüften wackeln, und Haut klebt an Haut. Schall und Schweiß.

Die Menge bebt, als der Bus mit den Touristen ankommt.

Kurzes, spannungsgeladenes Zögern, und alles stürzt sich auf die neuen Zielobjekte. Nach einer schnellen Beobachtungsrunde beginnen die Annäherungsmanöver. Beachtliche Anstrengungen werden unternommen, um den Fremden oder die Fremde zu verführen, vom ausgiebigen Tanzen über das Versprechen einer Fellatio bis hin zum Heiratsantrag.

An der Tür kündigt das Plakat die Party an:

FUNK-PARTY
Garantiert mit
ein paar Dutzend Gringos

Schwarz auf weiß unter dem Foto zweier Blondinen, die sich lasziv mit einem Lächeln auf den Lippen rekeln. Die Umkehrung des Touristenprogramms: Die Weißen dienen als Lockmittel für die jungen Leute aus der Favela. Sie sind gekommen, um Reiche aus der Nähe zu sehen. Und das haben sie.

Business-Zwischenspiel,

in dem die Klasse gewechselt wird

Der Sessel verwandelt sich in ein Bett. Selbiges ist mit drei verschiedenen Massagefunktionen ausgestattet. Die Weinkarte ist kurz, aber kann sich sehen lassen, und die Stewardessen lächeln auch dann immer noch, wenn man das vierte Glas Mumm bestellt. Außerdem gibt es eine breite Auswahl an Filmen, eine kluge Mischung aus Klassikern und aktuellen Kinohits, man kann zehntausend Meter über dem Irak Pacman spielen. Durch die audiovisuelle Technik an Bord lässt sich die Flugstrecke live verfolgen, über Kameras, die an der Spitze, unter der Maschine und auf der höchsten Stelle des hinteren Leitwerks angebracht sind. Dank der letzten Kameraposition hat man den Eindruck, über dem Flugzeug zu fliegen, das über der Erde fliegt. Und die Stewardess fragt mich, warum ich weine.

Das ist noch nicht alles. Statt einer simplen nachgezeichneten Flugstrecke auf einem winzigen Bildschirm kann man vier verschiedene Arten von Karten aufrufen (*global*, *time zone, high resolution, autozoom*). Es gibt sogar eine navigierbare Karte, nach dem Muster von Google Earth – die schönste Erfindung des dritten Jahrtausends.

Ein Schlenker in meinem beruflichen Werdegang eröffnete mir den Zugang zu diesem geheimnisumwitterten Bereich (viele reden drüber, wenige haben ihn mit eigenen Augen gesehen): die Business Class.

Die mit der kleinen Design-Wasserflasche und dem »Darf ich Ihnen Ihre Jacke abnehmen, mein Herr?«. Die, in deren Lounge der *Courrier international*, die *New York Times* und frisch gepresster Orangensaft angeboten werden.

Luxus lässt mich kalt. Ich strebe nicht nach Komfort. Doch ich muss zugeben, dass es mir schon lange keinen Spaß mehr macht, einen Kontinent mit den Knien direkt unter dem Kinn und einem stinkenden Sitznachbarn zu überqueren. Business zu fliegen bedeutet, zu Hause zu sein, am Kamin, mit einem guten Buch und der am Bullauge vorbeiziehenden Erde. Ein für Normalsterbliche unerreichbares Privileg. Und ich bin nun mal der Normalste und Sterblichste von allen.

Das einzig Unangenehme ist, dass es nicht ewig so weitergeht. Der nächste Flug, den ich aus eigener Tasche zahlen werde, wird Economy Class sein, im Laderaum quasi, für alle, die schon mal Business geflogen sind. Ich weiß, wenn ich solche Reden schwinge, dann werde ich zum Sozialverräter am Prinzip des *roots tourism*. Um besser mit meinen Schuldgefühlen umgehen zu können, aktiviere ich den Wave-Modus im Massage-Menü, bevor ich in die Sozialisierungsphase mit der Aristokratie der Lüfte eintrete. Man hat es geahnt: In der Business Class gibt es viele Geschäftsleute. Malocher des Kapitalismus, immer auf Achse, in ihrer Einheitsuniform aus Anzug mit Weste und Breitling am Handgelenk. Eine sozioprofessionelle Kategorie, die oft verspottet wird. Insofern erscheint es mir nur gerecht, hier einmal den Wohlhabenden das Wort zu überlassen, die ja einen Bestandteil dieser Welt bilden und auch so ihre Probleme haben: »Ich habe das Gefühl, ich verbringe mein ganzes Leben in China. Und dabei bin ich dort nur sieben oder acht Mal im Jahr. Ich fliege andauernd zwischen Dubai und São Paulo, Singapur und Chicago, Shanghai und London hin und her. Ich frage mich, ob ich nicht mehr Zeit in der Luft als auf dem Boden verbringe. Wenn ich aufhören würde zu arbeiten, dann müsste Air France Umsatzeinbußen hinnehmen: Im Meilensammeln bin ich nicht schlecht, und überhaupt bin ich nicht schlecht im Sammeln, das sieht man an meinem Gehalt. Am Anfang ist man ganz begeistert, dass man seinen Zweitwohnsitz in sämtlichen Hiltons auf der Welt hat. Davon hat man schnell genug, wissen Sie. Nein, das wissen Sie nicht, Sie, Sie sind ja noch jung. Mein Leben ist eine unendliche Abfolge aus Geschäftsessen. Ich habe allein die Visitenkarten von sieben Mister Wang und vier Mister Smith. Verträge unterzeichne ich nebenbei, nachdem ich meine Gesprächspartner über den Tisch gezogen habe. In diesem Business, da braucht man Stehvermögen.

Es versteht sich von selbst, dass ich nicht viel von all den Ländern gesehen habe, deren Boden meine Westons bereits betreten haben. Flughäfen, Hotels, Geschäftsviertel – alle nach demselben Modell entworfen. Wenn ich nach einem Meeting in meinem Zimmer die Krawatte abnehme, dann sehe ich Droopy Dog im Spiegel. Vom ständigen aufgesetzten Lächeln ist meine Haut ganz schlaff, und ich habe nicht gesehen, wie meine Kinder groß geworden sind. Neulich bat mich mein Sohn um Hilfe bei der Auswahl seiner Business School. Ich habe ihm geraten, sein Glück in der Musik- oder Filmbranche zu versuchen. Ich habe auch eine Frau. Ich tue so, als würde ich nicht bemerken, dass sie Liebhaber hat.

Ich bin nicht mehr der Jüngste. Trotz Business Class habe ich so ein Ziehen im unteren Rücken. Ich lasse mich massieren, das habe ich verdient. Seit Langem habe ich schon kein schlechtes Gewissen mehr, in bestimmte Bordelle zu gehen, die sich dezent Massagesalons nennen. Ich lege mich hin, ich denke an nichts und spritze in die Hand eines zwanzigjährigen Mädchens mit Schlitzaugen, mit dem ich kein einziges Wort wechsele. Nur in diesen Momenten fühle ich mich wirklich bei mir.

Danach gehe ich beschwingter ins Hotel zurück, und am nächsten Tag wache ich wie jeden Morgen auf und frage mich, wo ich bin.«

Chinesische Episode,

in der das Karaoke-Konzept revolutioniert wird

Die Chinesen sind die Herren der Welt, aber sie lassen sich nicht in die Karten gucken, weil sie Schurken sind, und am Ende werden sie uns alle auffressen.

Auf jeden Fall ist dies eine sehr verbreitete Sichtweise im Café vor meiner Tür. Ich habe nichts gegen Stammtischpolitik, sie spiegelt wie ein Vergrößerungsglas die Neurosen einer Gesellschaft. Mein eigener Standpunkt ist übrigens nicht viel fundierter. Ich weiß nur sehr wenig über China. Ich kenne die moderne Geschichte in groben Zügen. Bei allem, was davor war, denke ich an Kaiser mit langen Zöpfen, die eine Mauer bauen, und an unglaublich teure Vasen. Was die Geografie betrifft, so muss ich zugeben, dass ich in der Mitte eine große Lücke habe. Ich weiß, dass alles an der Küste passiert, dass Tibet und Xinjiang nicht sehr froh darüber sind, zu China zu gehören. Und dazwischen liegt die Mitte des Reichs der Mitte. Wahrscheinlich Reisfelder und Flüsse. Ich muss das Wahre vom Falschen trennen.

Ich bin ein Mensch meiner Zeit, mein Denkmodus entspricht Google. Ich scanne mein Gehirn, und die Schlüsselbegriffe erscheinen: Fabrik der Welt – Todesstrafe – Mao – Tian'anmen – Olympische Sommerspiele – Chinesische Mauer.

Größe und Grenze des Google-Denkschemas. Eine Milliarde Menschen, eine der ältesten Zivilisationen, reduziert auf wenige Einträge. Bloß ein grobes Raster, Google ist noch nicht die Wirklichkeit. Der muss ich nachgehen. Darin besteht mein Job als Tourist.

Der erste Ort, den ich in China betrete, ist ein Starbucks. Das ist nicht sehr exotisch, aber ich muss am Flughafen warten, weil Aeroflot mal wieder mein Gepäck fehlgeleitet hat. Ein Angestellter kommt und teilt mir mit, dass es in Moskau festhängt. Ich soll später wiederkommen. Für den Augenblick passt mir das gut, eine Stadt liegt mir zu Füßen, und ich brauche nicht mal meine Sachen ins Hotel zu bringen.

Zuallererst muss ich mich erkundigen, wie man nach Tibet kommt. Ich will den Zug nehmen, der Peking und Lhasa in achtundvierzig Stunden verbindet, mit Druckausgleichswaggons, die sich von den Höhen nicht beeindrucken lassen. Ich will meine Flagge auf dem Dach der Welt hissen, ich will Yaks und ein unterdrücktes Volk sehen. Der Zugang zu der Provinz wird durch die chinesischen Behörden beschränkt. Man braucht einen Passierschein. Ich weiß eine Adresse, wo ich den Sesam-öffne-dich! bekomme: die Agentur für sino-tibetische Freundschaft (man beachte den Sinn für Humor). Theoretisch kann man nur mit einer organisierten Gruppe nach Tibet reisen. Doch Mister Wang kann da anscheinend was arrangieren.

Hinter seinem Schreibtisch bittet mich der Beamte erst einmal um eine Zigarette. Ein kleiner, korpulenter Mann mit lächelndem Gesicht und fettiger Haut. Das Gegenteil unserer Vorstellung von einem Funktionär in einer Diktatur. Er erklärt mir, dass er in der Tat Genehmigungen für »Gruppen mit einer Person« ausstellen kann. Ich will schon bald aufbrechen, am nächsten Tag, das Yak ruft. Mister Wang unterbricht mich und wirbelt mit den Armen durch die Luft. So schnell können die Dinge nicht geregelt werden. Tibet, das geht nicht von einem auf den anderen Tag, Menschenskind. Trotzdem wirft mich Wang nicht aus seinem Büro. Er muss Zeit rumkriegen, der sino-tibetische Freundeskreis scheint nicht gerade an Anträgen zu ersticken. Wir schwatzen, er fragt mich, was es in Frankreich Neues gibt. Sein Englisch umfasst dreißig Wörter, aber die nutzt er in Kombination mit Gesten und schafft es so recht gut, sich verständlich zu machen und währenddessen meine Schachtel Zigaretten zu leeren. Mister Wang macht einen Anruf und verkündet mir schließlich, dass es möglich sei, am nächsten Tag aufzubrechen. Ich muss am nächsten Morgen wiederkommen, um meine Genehmigung abzuholen. Die erste Antwort immer hinterfragen.

Patrice ist in der gleichen Situation wie ich. Ein großer Quebecer mit Brille und nettem Gesicht. Auch er muss noch einen Tag rumkriegen, und wir beschließen, unsere Irrwege zusammenzulegen, als wir Mister Wang verlassen. Patrice ist Jurist für internationales Recht, und er hat kein Glück, weil ihn eine Haitianerin mit einem Fluch belegt hat (er bekommt beispielsweise andauernd eine auf die Fresse). Er hat ein Jahr in China gelebt, er wird also ein nützlicher und angenehmer Gefährte sein, um das Land zu entdecken.

Peking ist eine der größten Städte der Welt und trotzdem nicht chaotisch. Die Straßen sind breit, die Verkehrsführung ist gut durchdacht, beinahe erträglich für Fußgänger und Radfahrer, während der Autoverkehr der reinste Wahnsinn ist. Die Organisation und Disziplin, die in dieser Stadt herrschen, sind bemerkenswert. Was das anbelangt, könnte man fast meinen, man sei in Japan. Das sollte man allerdings nicht laut sagen.

Klischee: Die Chinesen sind Schweine, die überall hinspucken, und man sollte es tunlichst vermeiden, in diesem Land auf Toilette zu gehen, damit man nicht an Cholera stirbt. Das Klischee muss veraltet sein. An jeder Straßenecke stößt man auf neue öffentliche Toiletten sowie auf »Spucken verboten«-Schilder, die durchaus beachtet werden, wenn man von einigen wenigen armen Alten absieht, die zu kurzsichtig sind, um die Anweisung zu entziffern. In ein paar Monaten finden die Olympischen Spiele statt. Die ganze Welt wird zuschauen, da muss man sich benehmen.

Patrice möchte mir das Haus zeigen, in dem er letztes Jahr gewohnt hat. Es liegt in einem Hutong, einem dieser kleinen, traditionellen Arbeiterviertel. Pat betrachtet seine Karte und kratzt sich am Kopf. Er findet sein Hutong nicht wieder. Da kann er lange suchen. Wie viele andere wurde es von Bulldozern plattgemacht, und die Bewohner wurden gebeten, woanders hinzuziehen. Einige Hutongs wurden zu Touristenattraktionen umgebaut, mit stylishen Cybercafés und hippen Restaurants. Kurz gesagt: Man hat diesen Stadtteil ausradiert und wieder neu aufgebaut.

Erleichtert stelle ich fest, dass die Verbotene Stadt und der Sommerpalast noch stehen, wahrscheinlich, weil sie lukrativ sind. Gleiches gilt für den Tian'anmen-Platz, dessen riesige Fläche bestens geeignet ist, um Aufstände niederzuschlagen. Das Porträt eines Typen, den ich schon auf einem Werk Andy Warhols gesehen habe, überragt den Platz.

Klischee: Die Chinesen essen alles. Das ist nicht falsch. Auf einem nächtlichen Markt quellen die Stände über vor gegrillten Skorpionen, lebend zu genießenden Aalen und Schakalleber in Soße (zumindest identifiziere ich die Gerichte als solche). Folglich essen wir wenig und beschließen, viel zu trinken. Das ist ein wichtiges Ritual: Wenn man das erste Mal in eine Stadt kommt, muss man sich besaufen und dann verlaufen. In einer Kaschemme bestellt Pat eine Flasche lokalen Schnaps mit sechsundfünfzig Prozent (laut Etikett ist der Schnaps halal). Es folgt eine zweite. Nach ein paar zusätzlichen Bieren verkündet der Jurist für internationales Recht: »Nutten, das ist nicht betrügen, das ist eher wie sich einen runterholen.« Eine Behauptung, zu der ich nicht wirklich eine Meinung habe. Wir kommen auf die Globalisierung zu sprechen, und wir sind uns einig, dass dieses Wort nichts mehr aussagt, da es in unserer Zeit für alles herhalten muss. Patrice meint, dass ein so bevölkerungsstarkes Land wie China keine Demokratie erlangen kann. »Das wäre das reinste Chaos, man braucht eine autoritäre Macht.« Diese Worte habe ich schon oft gehört. Unweigerlich von Menschen aus Ländern, in denen Folter nicht gegen Gesinnungstäter verwendet wird. Patrice wischt meinen Einwand weg: »Demokratie ist die Sehnsucht einer Handvoll oppositioneller Intellektueller. Dem Volk ist das schnuppe. In nur einer Generation haben sie sich von *Lauf und verrecke* zu *Konsumiere und halt die Klappe* entwickelt. Kein schlechter Tausch.«

Danach, ich weiß auch nicht, was in uns gefahren ist, gehen wir unsere Mails checken, um Mitternacht, in einem Kellergeschoss, wo Hunderte Teenager in einer Reihe sitzen und über Netzwerk *World of Warcraft* spielen. Sicher auch eine

Art, die Invasion des Planeten vorzubereiten. Es ist total heiß und stinkt nach Panda.

Da wir betrunken sind, verdoppeln sich die Reihen der Jugendlichen, was uns darin bestärkt, dass es wirklich viele Chinesen gibt. Ich will auf Wikipedia gehen, aber manche Seiten sind nicht zugänglich. Zum ersten Mal surfe ich in einem Internet, das durch politische Zensur gefiltert wird. Man kann noch so oft versuchen, »Tian'anmen 1989« einzugeben – keine Treffer. Von hier aus gesehen ist nichts geschehen.

Als wir wieder an der frischen Luft sind, beschließt Pat, dass es höchste Zeit ist, zu den Nutten zu gehen. Ich wünsche ihm eine gute Nacht und verabrede mich mit ihm für den nächsten Morgen bei Mister Wang. Jetzt sollte ich also nach Hause gehen, doch da wird mir bewusst, dass ich nicht daran gedacht habe, ein Hotelzimmer zu suchen. Ich weiß nicht, wo ich bin, ich weiß nicht, wo ich hingehe, ich habe mich verlaufen. Auftrag erfüllt.

Mister Wang ist noch genauso herzlich, hat allerdings eine schlechte Nachricht. Er stellt keine Genehmigungen mehr aus. Nichts. Anweisung von oben. Ich versuche, den Grund für diesen Sinneswandel zu verstehen. Anscheinend liegt es an den Amerikanern. Ich schlage ihm vor, die Gebühr zu erhöhen. Interessiert ihn nicht. In korrupten Ländern ist es äußerst unangenehm, mit Unbestechlichen zu tun zu haben.

All das ist sehr ärgerlich, vor allem, wenn einem die Sache auf den Nägeln brennt. Ich wollte Tibet sehen, jetzt, sofort. Für den Fall, dass es in der nächsten Woche verschwindet. Um mich zu trösten, sage ich mir, dass Tibet womöglich schon vor fünfzig Jahren verschwunden ist.

Auch egal. China ist groß, ich werde einen anderen Ort finden. Ich verlasse Mister Wangs Büro mit einem Hauch Enttäuschung und einem Quebecer, der genauso enttäuscht ist wie ich. Pat, der heute etwas weniger gesprächig ist, schlägt mir vor, einen unglaublichen Ort zu besuchen, der nicht mal im *Lonely Planet* steht.

Nachdem ich in der U-Bahn beinahe gekotzt hätte (was nicht gerade das beste Zeichen für die Aufnahme in eine Kultur ist), erreichen wir den *Park der ethnischen Minderheiten*. Das sieht so aus: In der großen Familie der Chinesen, die von den Han dominiert wird, lächeln alle und reichen sich tanzend die Hand. Sämtliche Ethnien des Landes sind vertreten. In der offiziellen Klassifizierung sind es fünfundfünfzig. Für jedes Volk gibt es ein Musterdorf, wo die traditionellen Wohnverhältnisse, die traditionelle Kleidung und die traditionellen Tänze gezeigt werden. Irgendwas zwischen Regionalmesse und Kolonialausstellung. Man kann wirklich sagen, dass die chinesischen Völker hier eingepfercht werden. Ich versuche mir das in Frankreich vorzustellen: ein Park mit Bretonen, Elsässern, Martinikanern und Korsen. Ich weiß nicht, ob das funktionieren würde.

Die Anlage ist riesig, fünfundvierzig Hektar Fake. Tempel, Statuen, Pagoden und Jurten: alles wie aus Pappmaschee. Es gibt einen riesigen, dreißig Meter hohen Wasserfall, aus dem kein Tropfen Wasser rinnt. Maßlos bis ins Absurde.

Wenn Besucher kommen, erwachen die Musterdörfer zum Leben. Die Einheimischen fahren Flöten und Drachen auf und versuchen, ihre Langeweile zu kaschieren. Eine junge

Tänzerin der Jingpo, aus der Provinz Yunnan, erklärt Pat, dass man sie in ihrem Dorf abgeholt hat, damit sie eine Karikatur ihres Volkes spielt. In der Tanztruppe sind auch einige Schauspieler, die niemals einen Fuß in die Regionen gesetzt haben, die sie nun verkörpern sollen.

Die chinesische Regierung schreibt ihr Nationalepos im Stile Disneylands. Das kommt gut an. Mit diesem Kunstgriff vernebelt sie das Bewusstsein und bringt Devisen ins Land.

Da ist Tibet. Einen Hektar groß und aus Plastik. Ein freundlicher Lama, der im Park angestellt ist, nimmt uns zur Seite und erzählt uns im Wesentlichen, dass dieser Ort ein einziger Schwindel sei, rassistische Propaganda, dass die Han Dreckskerle seien und der Dalai Lama ein Held, der falsche Panchen Lama hingegen eine Marionette Pekings. Man muss schon sehr verzweifelt sein, wenn man sich einfach so, ganz spontan, im Vertrauen auf unsere westlichen Gesichter, jemandem anvertraut, obwohl es mächtig Ärger geben könnte, wenn wir Maulwürfe der KPCH wären.

Soeben bin ich einmal durch ganz China gereist, eigentlich könnte ich jetzt nach Hause fahren. Doch ich bin erst sechsunddreißig Stunden hier. Mein Quebecer und ich haben ein Problem, wir wissen nicht, wohin. Tibet: verboten. Die Präsentation der Regionen, die ich gerade gesehen habe, hat mich nicht gerade inspiriert. Anstatt vernünftig eine Entscheidung zu treffen, lasse ich mich von einer alten Spinnerei verführen. Ich falte meine Landkarte von China (eine Schönheit in 1:5 000 000) auseinander und lege sie auf den Boden. Ich schnappe mir einen kleinen Stein und lasse ihn über dem Land fallen. Der Kiesel prallt ab und rollt außerhalb der

Karte weiter, in Richtung Pazifischer Ozean. Tja. Ich werde mich nicht im Kurilengraben ertränken, nur um einer Spinnerei nachzugehen. Ich wiederhole den Vorgang und lasse dieses Mal den Kiesel etwas tiefer über der Karte los. Er landet auf der Region um Chongqing. Auf nach Chongqing. Das scheint mir nicht schlecht. Es liegt etwa in der Mitte des Landes, und ich habe noch nie von diesem Ort gehört. Ich mache mich schlau: Chongqing ist allerdings riesig, mit Millionen und Abermillionen von Einwohnern. Vorteil: Von hier aus starten Kreuzfahrten auf dem Jangtse. Nachteil: Chongqing wird auch »der Ofen Chinas« genannt. Die Temperaturen klettern im Juli auf vierzig Grad, und wir haben Juli.

Sich auf einem überfüllten chinesischen Bahnhof zurechtzufinden, ist kein leichtes Unterfangen, und vom Schalterbeamten verstanden zu werden, schon gar nicht. Weiß Gott, was er versteht, als ich versuche, das Wort Chongqing auszusprechen. Bei all diesen Geschichten mit den Tonhöhen beleidige ich womöglich seine Familie, als ich den Fahrschein verlange. Man sollte bloß nicht glauben, dass es schneller ginge, wenn man mit dem Finger die Stadt auf einer Karte zeigt. Es gibt gewisse Kommunikationshürden, die sich nur mit der Geduld Buddhas überwinden lassen.

Ich verabschiede mich von Pat und springe in einen Zug, aus dem ich die nächsten achtunddreißig Stunden nicht aussteigen kann. China zieht am Fenster vorbei. Mittelchina. Unten grün, oben grau. Bauern im Morgengrauen auf ihren Feldern. Verfallene Fabriken. Neue Fabriken. Vielleicht wurde mein T-Shirt hier produziert. Straßen, Brücken, Baustellen, überall. Wasserläufe, wenn man das noch Wasser nennen kann. Eine Mischung aus Algen und radioaktivem Schaum. Flachland, Täler, alles. Fliegende Händler bieten Frühstück an: eine Reissuppe, einen großen weißen Teigfladen als Brotersatz, ein Ei und in Essig eingelegte Erdnüsse. Misstrauen. Sündhafte Sehnsucht nach McDonald's.

Schnell werde ich zur Attraktion des Zuges, ich sehe nicht so aus wie der Rest hier. Die Leute rufen es sich zu, sagen es weiter: Da ist ein *Laowai* in Waggon 16. Das Defilee beginnt. Ich würde ja gern mit diesen Leuten in Kontakt treten, aber unsere sprachlichen Mittel lassen das nicht zu. Ihr Englisch ist, wie mein Chinesisch, inexistent. Ein Kopfnicken als Gruß, ein kleines Lächeln. Nach dem Fünfzehnten gebe ich es auf. Kommt und schaut mich an, wenn ihr wollt, aber ich mache hier keine Show. Ich bleibe in meinem Liegewagenabteil, lese in Ruhe den letzten Roman von Guillaume Jan, während Mütter mit dem Finger auf mich zeigen, um ihren Kindern zu erklären, wie ein Europäer aussieht. Ich wage es nicht, mir vorzustellen, was ihre Vorfahren für Augen gemacht haben, als Marco Polo hier landete.

Ich erreiche Chongqing im Morgengrauen. Der Ballungsraum soll zweiunddreißig Millionen Einwohner haben, was mir suspekt erscheint, denn dann wäre es die größte Stadt der Welt, und ich denke, man hätte mir Bescheid gesagt, wenn dem so wäre. Chongqing ist in den letzten Jahren explodiert, auch wegen der Bevölkerungsumsiedlung nach dem Bau der Drei-Schluchten-Talsperre. Eine felsige Halbinsel voller Wolkenkratzer. Neues und Altes. Die Hügel stürzen in den Jangtse hinab, und die Tower stehen dicht gedrängt, weil die Stadt an einem steilen Abhang liegt, darum gibt es hier auch keine Fahrräder. Ich lasse mich treiben und miete mich aufs Geratewohl in einem Zimmer in der fünfzehnten Etage ein, mit dem Gefühl, mich in einer Zukunftsvision von vor zwanzig Jahren zu befinden.

In Chongqing finde ich wieder, was ich an der ehemaligen Dritten Welt liebe. Das organisierte Chaos, das Leben auf der Straße, Leute, die alles Mögliche direkt auf dem Boden verkaufen, Schuhputzer (einer von ihnen wollte sich um meine Flip-Flops kümmern), alte, gekrümmte Träger, die das Doppelte ihres Körpergewichts schleppen, Bars, die der Mafia gehören, und Hunde, die niemandem gehören.

In Peking hat man ein Plastikchina über das echte China gestülpt. Und das funktioniert sehr gut. Sie haben es geschafft, die Armen und Schmutzigen zu verstecken. In Chongqing finden keine Olympischen Spiele statt. Arm und Schmutzig neben Schlips und Kragen. Arbeiter reißen mit einem Vorschlaghammer die alten Gebäude ab, nackter Oberkörper und nackte Füße, fünfzehn Meter über dem Erdboden. Die Sicherheitsbestimmungen sind nicht optimal. Aber an dieser Stelle soll in zwanzig Minuten ein Einkaufszentrum eröffnen, also muss die Arbeit erledigt werden.

Es sind tatsächlich vierzig Grad morgens um acht Uhr, und die Luftverschmutzung macht es nicht besser. Eine Zigarette zu rauchen grenzt an Selbstmord. Nach reichlich Zögern und einer tief gehenden Reflexion über die menschliche Würde entscheide ich mich dazu, ein Muskelshirt zu kaufen. Das reicht nicht. Wenn ich überleben will, dann brauche ich einen Unterschlupf.

Man muss zugeben, dass es sich in einem Starbucks recht gut aushalten lässt. Ruhe, Platz und Billie Holiday. In der zweiten Etage habe ich einen perfekten Blick auf das Megazentrum der Stadt. Breite Fußgängerzonen mit riesigen Geschäften, riesigen Screens, riesigen Werbungen. Tausende von Menschen kommen und gehen, vor meinen Augen Cartier und Lancôme und nichts als Konsum, Konsum, Konsum. Die Models in der Werbung sehen nicht typisch asiatisch aus. Zwar sind die Augen etwas schmaler, um die Identifikation zu wahren, doch die Züge eher westlich. Sie sind elegant, diese urbanen Chinesinnen, schlank und gestylt. Ich hoffe, sie mühen sich nicht allzu sehr damit ab, wie Angelina Jolie auszusehen, denn das wird nicht klappen. Während ich die endlose Polonaise aus kurzen Röcken und hohen Hacken beobachte, preist ein Werbespot die Vorzüge einer Salbe an, die auf wundersame Weise Brüste wachsen lässt.

Der Himmel über Chongqing strahlt in grauem, blendendem Licht, was zu einem deprimierenden Ergebnis beim Fotografieren führt. Meine Bilder sind schlecht. Ich schiebe das auf meine Kamera. Sie ist schwer und überflüssig. Man macht Fotos, weil man plant, sich in einer nahen Zukunft an die Vergangenheit zu erinnern. Ich knipse, archiviere und schaue die Bilder nie an. Ich könnte mich von diesem unnützen Ballast trennen. Ein Schlenker mit dem Arm, und die Canon würde ihre Laufbahn in den schlammigen, wenn auch mythischen Gewässern des Jangtsekiang beenden. Das wäre ein schönes Ende. Doch ich bin noch nicht bereit für solch ein Wagnis, deshalb gebe ich mich damit zufrieden, den Strom von oben anzusehen. In einer Seilbahn durchdringe ich die Dämmerung und fliege über den Ufern des Blauen Flusses, der braun ist. Er ist der größte Strom Asiens, das weiß ich seit meiner jüngsten Kindheit. Früher schwamm darin der chinesische Flussdelfin. Heute schwimmt er nirgendwo mehr.

Ich lande auf einem Pier voller Neonlichter. Cannes' Croisette in Klein. Ein turbulenter Jachthafen für chinesische Familien. Große Restaurants, auffällige Bars mit strahlenden Kronleuchtern, besoffenen Schiffern, Lasern, fluoreszierenden Lichtern und überbordendem Kitsch. Auf einem Platz stehen fünf Ferkelskulpturen. Etwa hundert alte Frauen tanzen synchron Charleston-Schritte mit Tai-Chi-Elementen. Der Verstärker funktioniert nicht richtig. Höchste Zeit, die Wahrheit über die einheimische Musik auszusprechen: China mangelt es erheblich an Groove. Ich mag Musik. In jedem Winkel der Welt finde ich klangvolles Glück, und ich gehe förmlich ein, wenn ich nicht meine tägliche Dosis Bass bekomme. Doch östlich von Indien hat Gott die Musikliebhaber mit einem Fluch belegt. Sie müssen sofort alle Platten verbrennen. Ich frage mich wirklich, wozu die Kulturrevolution gut war, wenn man es nicht einmal geschafft hat, diesen Schund auszurotten.

Oft drehen sich die Leute nach mir um. In dieser Stadt bin ich noch keinem Europäer begegnet. Kinder laufen mir hinterher, Teenager kichern. Auf dem Land eine voraussehbare Reaktion, hier eher überraschend. Tipp für alle Größenwahnsinnigen: Fahrt nach Chongqing, hier seid ihr ohne großen Aufwand ein Star. Ich bin also von vielen Menschen umgeben, kommuniziere aber kaum. Ich glaube, ich fange an, mit mir selbst zu sprechen. Normal, wenn man drei oder vier Tage mit niemandem geredet hat. Das kommt nicht oft vor. Das kommt nur auf Reisen vor. Man hortet neue Gefühle und Ideen. Und man wird sie nicht los, weil man keinen Gesprächspartner hat. Man sollte immer ein Heft und einen Kuli dabeihaben, damit man nicht verrückt wird.

Ich setze mich für einen Schreibversuch auf eine Terrasse, trotz der Feuchtigkeit, die die Seiten wellt und meinen Geist schwächt. Acht Kellner in Uniform stehen um mich herum und wollen meine Bestellung aufnehmen. Sie geraten in Ekstase angesichts der Tatsache, dass ich mit der linken Hand schreibe, ihnen erscheint das übernatürlich. Das ganze Spektakel dauert eine Viertelstunde. Ich will einfach nur ein Glas Wein und ein Steak, da meine Toleranzschwelle gegenüber Nudeln erreicht ist. Mein Essen kommt: Nudeln. Ich verfluche den Turmbau zu Babel. Man reicht mir eine Flüssigkeit, die sie kühn Wein nennen und die mich eher an einen abgelaufenen, in Angola hergestellten Hustensaft erinnert. Allerdings ist das Restaurant sehr nobel, wodurch es noch komischer wirkt, dass die Gäste ungeniert rumspucken, und das alles in einer Lautstärke, die es mit dem Kanonenboot auf dem Jangtsekiang aufnehmen kann, dem Blauen Fluss, der braun ist und den ich zwischen meinen Fingern vorbeifließen sehe.

Ein alter und kleiner, sehr kleiner Träger hat sich meinen Riesenrucksack geschnappt und trägt ihn zum Schiff. Sein Rücken ist von dem Bambusstab, der seit Jahrzehnten sein Arbeitswerkzeug ist, verformt. Sein Skelett hat eine Delle. Ich reiche ihm einen Schein. Er schüttelt den Kopf und sagt etwas. Er will einen zweiten Schein. Ich sage Nein. Er zeigt mir seine Delle. Er hat gewonnen.

Ich klettere an Bord des Kreuzfahrtschiffs, eine unförmige, schwimmende Kleinstadt. Ich spüre ein leichtes Schamgefühl, als ich es betrete (wie eine heimliche Schuld, weil ich zur Ausbeutung greiser Zwerge beitrage). Das Personal zeigt mir, wo meine Kabine liegt. Ein Doppelzimmer, was ein Vorteil wäre, wenn man es nicht teilen müsste. Ein Chinese um die vierzig faltet gerade seine Hemden auseinander. Als er mich sieht, hält er etwas verblüfft inne. Er hat nicht mit einem Bleichgesicht gerechnet. Er begrüßt mich. Ganz trocken, etwas streng, sicher ein Junggeselle. Er wird also für einige Tage mein Mitbewohner sein.

Als ich über das Deck schlendere, kann ich endlich eine bekannte Sprache sprechen. Dort steht nämlich Jürgen, ein kräftiger Bayer in den Fünfzigern mit Bart und grauem Haar, der zusammen mit seinem Sohn reist. Letzterer praktiziert Kung-Fu und war enttäuscht vom Besuch eines Shaolin-Tempels. Jürgen ist gut drauf, er zahlt eine Runde Bier. Sein Gesicht kommt mir bekannt vor. Ich glaube, ich habe ihn schon mal in einem bayerischen Porno gesehen. Eine ziemlich dünne Dreißigjährige mit Pferdeschwanz und einem eckigen Gesicht gesellt sich zu uns. Sie stellt sich als Monika vor. Sie ist Lehrerin. Mathe. Aus Deutschland. Absolute Stimmungskanone. Die ganze Zeit über erläutert sie, von A bis Z, mit welchen Aspekten der chinesischen Kultur sie nicht übereinstimmt. Ich werde niemals die Leute verstehen, die ihr Zuhause verlassen und es dann nicht ertragen, dass man sich nicht wie bei ihnen zu Hause verhält. Sie hingegen versteht nicht, warum die Französinnen sich regelmäßig die Beine epilieren. Bis dato ist das der größte Kulturschock meiner Reise.

Jeff und Lee, ein junges australisches Paar, gesellen sich zu uns, sie sind gerade auf Weltreise. Sie sind dementsprechend braun gebrannt und strahlen. Lee ist Grundschullehrerin an einer katholischen Schule, sie hat einen Vertrag unterschrieben, in dem sie sich dazu verpflichtet, keine sexuellen Beziehungen vor der Ehe zu haben. Als sie diese Story erzählen, brechen beide in schallendes Gelächter aus, und Jeff fasst Lee an den Hintern. Er hat ihr auf der Chinesischen Mauer auf Chinesisch einen Heiratsantrag gemacht. Sie hat vor Glück geweint. Sie kommen aus Perth, und Jeff erklärt mir, dass Perth am Ende der Welt liegt. Diese Äußerung pflanzt einen Virus in mein Hirn: Jetzt muss ich unbedingt nach Perth.

Der Herdentrieb hat unsere Gruppe zusammengebracht, eine Handvoll Langnasen inmitten von vierhundert Chinesen, die neue Mittelschicht entdeckt den Tourismus. Die Maschinen starten, das Schiffshorn kostet mich ein Trommelfell, und die Galeere setzt sich in Bewegung.

Mein Mitbewohner ist um vier Uhr morgens aufgestanden. Er hat sich angezogen, wie ein Angestellter, der ins Büro geht. Er will bestens vorbereitet sein auf die Besichtigung von Fengdu, der geheimnisvollen Geisterstadt. Entsetzen: Als ich das Schiff verlasse, gibt man mir einen Ansteckbutton und bittet mich, einer Reiseführerin mit Megafon und einer kleinen gelben Fahne zu folgen. Die Langnasengang murrt etwas, die Chinesen gehorchen. Hier herrscht eine paramilitärische Disziplin unter den Touristen. Man hört auf die Frau mit der Fahne. »Das war schon in ihrer Kindheit so, und das ist sicher auch die einzige Möglichkeit, um die Massen zu kontrollieren«, meint Jürgen. Auch er ist der Meinung, dass es das Ende der Welt wäre, wenn das Land demokratischer würde. Ich nutze eine kurze Unaufmerksamkeit der Führerin aus und entfliehe zusammen mit dem Deutschen und den Australiern aus dem Gulag.

Die Stadt der Geister stammt aus der Tang-Dynastie des siebten Jahrhunderts. Hier stehen Gebäude wie der Tempel der Geister oder der Palast des Höllenkönigs. Mit einer Seilbahn kann man zum Gipfel des Hügels fahren, wo gerade der Kopf eines riesigen Dämons aufgestellt wird.

Meine archäologischen Kompetenzen sind beschränkt, aber wenn mich nicht alles täuscht, sind diese Bauwerke aus Beton, und ihre Entstehung ist frühestens auf 1993 zu datieren. Ich denke, die Manager dieser Stätte haben keinen richtigen Unterschied zwischen Restaurieren und Wiederaufbauen gemacht. Hier ist zwar alles Fake, aber auch Fun: In einem Gebäude gibt es ein Gruselkabinett, eine Geisterbahn und Karussells, wie auf dem Jahrmarkt.

Auf dem Rückweg treffen wir wieder auf unsere Gruppe. Die Führerin ist außer sich. Wo wir denn waren, meine Güte, das darf man doch nicht, Sie haben ja keine Ahnung! Monika, die nicht versucht hat zu entkommen, präsentiert mir ihre ausführliche Einschätzung dieser Stätte. Sie kommt zu dem Schluss, dass die Chinesen wirklich unhöflich sind.

Zurück an Bord, fällt eine Gruppe von fünf Chinesen über mich her, als wollten sie ihr widersprechen, um mich um zehn Uhr morgens zum Saufen zu bringen. Allmählich kapiere ich die goldene Regel. Auf einer Kreuzfahrt ist Trinken Pflicht. Was will man denn sonst tun, wenn das Boot fährt? Ich sitze in der Klemme: Wenn ich mich nicht mit ihnen zusammen abschieße, stelle ich sie womöglich bloß. Die franko-chinesischen Beziehungen können keinen diplomatischen Konflikt gebrauchen. Man öffnet mir ein Bier. Wir stoßen an. Einer meiner neuen Freunde hat die geniale Idee, mithilfe von Promis zu kommunizieren. Um Gemeinsamkeiten aufzubauen. Er fängt an: »Alain Delon.«

Ich bin dran: »Jackie Chan.«

Meine Wahl begleite ich mit ein paar Kung-Fu-Bewegungen, damit meine willkürliche Aussprache sie nicht in die Irre führt. Meine Chinesen applaudieren. Ich denke, meine Gesten waren offenbar fließend und sie haben den kleinen Drachen erkannt, der in mir schlummert.

»Sophie Marceau.«

Er formt mit den Händen große Brüste und zeigt den Daumen hoch. Gelächter im Publikum.

»Gong Li.«

Ich begnüge mich damit, den Daumen zu zeigen.

»Chirac. De Gaulle.« (Zehn Minuten, bis ich das verstehe.)

»Hu Jintao. Mao.«

»Sal-ko-ssi.«

Ich blicke verdutzt drein. Er wiederholt.

»Sar-ko-ssi.«

Ich schüttele den Kopf: »Nein, tut mir leid, mein Lieber, keine Ahnung.«

Auf Reisen habe ich eine Verhaltensregel eingeführt: niemals den Namen des 2007 gewählten Präsidenten der Republik erwähnen. Dieser Mann hat unsere mediengespeisten

Hirne gekapert. Ob wir ihn mögen oder nicht, er ist überall, in allen Gesprächen, auf allen Sendern. Nicht über ihn zu sprechen ist die einzige Möglichkeit, sich seinem Kommunikationsplan zu widersetzen. Meine Art des subversiven Verhaltens. Reisen bedeutet auch, davon Abstand zu gewinnen.*

Mein Zimmerkamerad nennt mich *fa guo*, den Franzosen. Im Gegenzug gebe ich ihm von jetzt an den Namen Raoul. Er versteht nicht, warum ich nicht an allen Ausflügen teilnehme. Das ist ihm zu hoch. Er versucht, mit mir darüber zu reden. Er macht sich Sorgen um mich. Wie soll ich ihm beibringen, dass mich der Quyan-Dingsbums-Tempel, auch wenn er auf dem Programm steht, nicht wirklich interessiert? Ich habe Dutzende solcher Tempel gesehen, großartige Tempel. Sorry, Raoul, aber da schaue ich lieber das Morgenlicht an, das auf die Wasserfläche des braunen Blauen Flusses trifft, und winke den Kindern zurück, die am Landesteg spielen. Verliere mich lieber in der Zeit, während ich auf dem Vordeck liege und mich von einer lauen Brise einlullen lasse.

Abends gibt es auf dem Schiff nur einen Programmpunkt: Karaoke. Und das wird hier sehr ernst genommen. Die Sänger geben einander unter freundlichem Beifall das Mikro in die Hand und stimmen schleimige Schnulzen mit einer erstaunlichen Hingabe an. Die Clips bestehen aus paradiesischen Wasserfällen und blühenden Landschaften, über die bunte Schmetterlinge flattern. Ich sollte in meine Kabine gehen und Raouls Abwesenheit nutzen, um Konfuzius zu le-

* Offensichtlich bin ich damit gescheitert.

sen und zu masturbieren. Doch Jürgen stößt mich mit dem Ellenbogen an und zeigt mir die Songliste. Es gibt auch Lieder auf Englisch. Die Augen meines Kameraden leuchten auf. Er bestellt, schnappt sich das Mikro mit beiden Händen und nimmt eine Elvis-Pose ein, um aus voller Kehle eine katastrophale Version von *Fever* zum Besten zu geben. Mein Respekt für Jürgen wächst. Dieser Mann hat etwas von Brecht an sich.

Nach der Darbietung ist es im Saal verdächtig ruhig. Jürgen ist zufrieden.

»Jetzt bist du dran.«

Im Liedkatalog findet man erstaunliche Titel. Ich treffe eine Wahl, verhandele mit dem DJ, und die Bontempi-Melodie ertönt. So wage ich mich, nüchtern, unter den bestürzten Blicken der Staatsbürger der chinesischen Volksrepublik an eine Low-Fi-Coverversion von *Anarchy in the UK*. Massaker hoch zwei. Ein Kind fängt an zu weinen. Ich sehe, wie Raoul die Arme hängen lässt und schockiert den Kopf schüttelt. Seine erste Begegnung mit dem Antichrist. Meine kleine Rache an der chinesischen Musik.

Der Besuch der drei kleinen Schluchten wird als das Highlight der Kreuzfahrt dargestellt. Eine Aneinanderreihung von Miniaturflüssen, die von steilen Felswänden überragt werden. Wir nehmen ein kleines Boot, danach ein winzig kleines Boot, um in die Minischluchten zu fahren, wo arme Leute dafür bezahlt werden, dass sie für Touristen in orangefarbenen Rettungswesten singen. Mit dem Finger zeigt der Guide auf hängende Särge, archäologische Überreste, die sich in den Höhlen der Felswände verstecken. Alle recken die Köpfe und stöhnen voller Bewunderung, obwohl man streng genommen gar nichts sehen kann – dabei habe ich gute Augen. Ich sinniere etwas zu lange über die Kraft der Suggestion, was mir einen ordentlichen Sonnenbrand auf der Stirn beschert.

Während der fünf Stunden, die die Exkursion dauert, schreit der Guide ununterbrochen in das dröhnende Mikro. Die wahre Pein in diesem Land ist der Krach. Keinerlei akustische Privatsphäre. Das Regeln der Lautstärke gehört nicht zum Service. Monika stimmt mir zu. Jürgen hat es überprüft: Der Guide liest ein Buch vor, Wort für Wort. Manchmal singt er.

Nach der letzten Schlucht gibt es die obligatorische Shopping-Einheit. Ich habe eine orangefarbene Rettungsweste und eine annehmbare Kondition: Ich berechne meine Überlebenschancen, wenn ich versuchen würde, schwimmend zu fliehen. Sie sind begrenzt. Ich sitze in der Falle: Ich werde an dem Stand der alten Dame vorbeigehen müssen, die Schminkkästchen in Herzform verkauft. Der Tourismus ist ein Kampf.

Ende der Tour: Wir erreichen die berühmte Talsperre. Sie haben die Natur umgeleitet, mehr als hundert Dörfer überflutet, zwei Millionen Menschen umgesiedelt, Dutzende Arbeiter sind ums Leben gekommen, und man weiß nicht, welche Folgen das Ganze in zwanzig Jahren haben kann. Dieses Bauwerk ist gigantisch. Wir besichtigen es im Laufschritt, und der Guide und ich brüllen uns an, weil ich mich weigere, den Button zu tragen. Die Feuchtigkeit macht mich so fertig, dass ich mir nichts mehr merken kann. Ich bekomme gerade noch mit, dass die Turbinen von Alstom stammen und die unten am Bauwerk herausschießenden Wassermassen genauso spektakulär sind wie die Niagarafälle.

Als sich unsere Wege trennen, reichen Raoul und ich uns feierlich die Hand. Schließlich sind wir in einem Zimmer den Jangtse hinuntergefahren, das ist eine seltene Erfahrung. Er legt seine Hand auf meine Schulter und holt zu einem langen, sehr ernsten Monolog aus, von dem ich natürlich kein einziges Wort verstehe. Diese Art, um jeden Preis kommunizieren zu wollen, ist rührend.

Ich umarme meinen dicken Jürgen, während Monika verkündet, dass diese Kreuzfahrt für die erbrachten Leistungen doch etwas teuer war. Sie nutzt die Gelegenheit, um anzumerken, dass man den Chinesen allgemein nicht trauen kann. Gern würde ich sie ohrfeigen, ich küsse ihren Hals, um ihr die Freuden des Unerwarteten zu demonstrieren.

Ich blieb noch ein paar Wochen in China. Ich schaute Xi'an an, wo man versuchte, mir am Fuße einer Nachbildung der Cheops-Pyramide einen Wolfspelz zu verkaufen. In Shanghai fuhr ich in einer U-Bahn mit 3-D-Animationen unter dem Fluss hindurch. Ich kehrte nach Peking zurück, wo ich auf einer Rutschbahn die Chinesische Mauer entlangschlitterte. Ich machte einen Zwischenstopp beim Starbucks und fuhr wieder nach Hause.

Im folgenden Jahr schickte mich eine Zeitschrift nach China, um über einen internationalen Modelwettbewerb zu berichten. Die Veranstaltung fand auf Hainan statt, einer tropischen Insel unweit von Vietnam; das örtliche Hawaii. Dutzende Länder lieferten sich einen erbitterten Wettkampf, es handelte sich quasi um eine Kriegsreportage. Ich wurde also dafür bezahlt, junge Mädchen in Bademoden auf dem Laufsteg anzuschauen. Überschminkte Kindergesichter, die von ihren 1,90 Metern mit Absätzen verächtlich auf einen herabblicken. Seltsame Wesen, deren Beruf darin besteht, fotografiert zu werden, um Dinge zu verkaufen, die man nicht kaufen kann: Jugend und Schönheit. Weil die Modewelt bei mir mitunter terroristische Triebe hervorruft, flüchtete ich aus dem Marriott, um die Insel zu erkunden.

Ich hatte gelesen, dass im Gebirge die Einwohner der Ethnien Miao und Li leben. Als ich im Dorf ankomme, muss ich eine Eintrittskarte kaufen, und aus Lautsprechern hört man ein Stück von Céline Dion, das auf einer Art Okarina gespielt wird. Noch ein Park mit Muster-Eingeborenen und Karussells. Vor dem Eingang ein englisches Pärchen, vollkommen verwirrt von der Wendung, die ihre anthropologische Exkursion genommen hat. Die Enttäuschung der westlichen Touristen, die, angewidert von der Vulgarität unserer Spaßgesellschaften, hier die Erleuchtung des Unverfälschten zu finden meinten und plötzlich mit der Musealisierung eines ganzen Gebiets konfrontiert werden. »Sagt mal, werden eure Wilden hier nicht etwas überbewertet?«, scheinen sie erstaunt zu fragen, als der Einheimische die American Express annimmt. Es ist allerdings ein wenig naiv, anzunehmen, man fände die Wahrheit in einem Land, das seit sechzig Jahren von derselben Partei kontrolliert wird.

Ich klettere durch das Dorf, Leute tanzen, wenn ich vorbeikomme, man bietet mir Fabrikhandwerk an, und ich sage mir, dass man dem Künstlichen wirklich nicht entkommen kann. Das stört mich nicht allzu sehr. Es gehört zur Wirklichkeit dazu.

Auf dem Gipfel dieser wirklich umwerfenden Welt gibt es eine Seilrutsche. Das ist keine typische Aktivität des Miao-Stamms, aber sie beschert einen kleinen Nervenkitzel, wenn man damit dreißig Meter über dem Wald eine Schlucht überfliegt. Ich befestige meinen Klettergurt. Das Seil ist rostig und die Zuverlässigkeit des Mechanismus fragwürdig. Ich stehe direkt am Abgrund. Ein kleiner, alter Mann in traditioneller Tracht überprüft meine Halterungen, während er mit seinem BlackBerry herumhantiert. Als ich losfliegen will, sagt er mir: »老外，当心，飞机正在着陆!«

Ich atme ein, und ehe ich zum Großen Sprung nach vorn in die Tiefe gestoßen werde, habe ich Zeit zu antworten: »Ich weiß, Genosse, das Falsche ist ein Moment der Wahrheit.«

Party-Zwischenspiel,

in dem sich das Universum krümmt

Ein Dschungel, ein Fluss, ein Dorf. Ein blasser DJ stellt seine Plattenteller auf Holzböcke. Rote Dreads fallen auf seine Oberschenkel. Vorsichtige Zurückhaltung aufseiten der Waldbewohner. Sie haben schon Touristen auf der Durchreise gesehen. Aber nicht solche.

Sie kommen grüppchenweise an, die Rucksäcke vom Anstieg schweißgetränkt.

Erster Soundcheck. Die Dorfbewohner halten sich die Ohren zu. Noch nie haben sie so einen Krach gehört wie den, der aus diesen vier massigen schwarzen Totems kommt.

Der Tag geht zur Neige. Ein Engländer macht sich ans Verteilen. Die Partypeople stellen sich brav in eine Schlange. *Gute Reise.*

Nach und nach nehmen die Beats den Wald in Besitz. Erste Bewegungen von Gelenkpuppen im Halbdunkel. Der DJ ist clever. Er stimmt seine BPM auf den Rhythmus des Flusses ab. Mir war neu, dass Musik flüssig sein kann.

»Woher kommst du?«

Ich fahre mir durch die Haare. Freundliche Frage, ich muss eine Antwort liefern, das ist mir klar. Ich habe Folgendes zu tun: sagen, woher ich komme. In meiner Gehirnstruktur ist etwas geschehen, das die üblichen Verbindungen zwischen

Denken und Sprechen stört. Ich muss in Lichtgeschwindig-keit all meine Synapsen scannen, um einen Satz hinzukrie-gen. Ausgeschlossen. Ich weiß, woher ich komme, ich weiß es, aber das kann man auf unendlich viele Arten formulieren.

»Tut mir leid, darauf kann ich nicht antworten. Wirklich nicht. Die Antwort wäre unzulänglich.«

Der Mond ist voll, das gehört dazu. Der Dancefloor ist eine Schlammpfütze. Fluoreszierende Frauen tanzen wie wild. Eine Kriegerin mit irrem Blick speit Feuer. Schlangen zeich-nen sich am Himmel ab. Aber die tun ja nichts.

Ein Hund läuft vorbei. Er ist ganz leicht. Und ich, ich wiege auch nur ein Gramm. Jeder Sprung könnte dazu füh-ren, dass ich wegfliege. Deshalb rühre ich mich nicht, und alle Zellen meines Körpers tanzen an meiner Stelle.

Auf dem Scheitelpunkt meines Schädels landet ein Stern.

Gerade ist mir klar geworden, dass jedes meiner Neuro-nen das ganze Weltgedächtnis in sich trägt. Wie konnte ich nur all die Jahre leben, ohne dass mir diese offensichtliche Tatsache bewusst wurde? Jetzt wüsste ich die Antwort auf die Frage »Woher kommst du?«.

Vom Fisch. Jawohl. Glasklar.

Es ist aus mit der Musik. Ich falle in mich zusammen. Die Welt leert sich wie eine Badewanne. Wie soll man überleben, hier und jetzt, wenn es keinen Ton zum Atmen mehr gibt? Es ist so kalt.

War ich das? Nein. Das war eine Spanierin, die das DJ-Pult umgerissen hat, wegen der Ungeheuer. Ein kritischer Augen-blick. Jetzt, wo der Gipfel in Sichtweite ist, geht der Sauerstoff aus. Die Luft wird dünn. Entsetzen im Gesicht eines Mannes. Er hat gerade eine kleine Spinne gesehen. Sie hat die Tore zu seiner Unterwelt aufgestoßen.

Die Stille löst sich auf.
In meiner Brust explodiert die Sonne.
Alles ist Wärme, ich schreie meine Liebe hinaus.

Eine Basslinie bohrt sich in mein Hirn und wird es nie mehr verlassen. Ich streichele sämtliche Verästelungen des Klangspektrums. In diesem Augenblick erfasse ich alles vollkommen: wie das Universum entstanden ist, woher die Sterne kommen und worin der Sinn des Lebens besteht. In der nächsten Sekunde habe ich es schon wieder vergessen.

»Wie blöd. Ich habe eine Basslinie verloren. Sie ist hier reingekommen, ich habe die genaue Stelle ausfindig gemacht, um sie garantiert nicht zu verlieren. Und dann haben sich die Koordinaten verschoben.«

»Daran ist der DJ schuld, der ist ein Terrorist. Er spielt mit deinem Gehirn. Er gräbt und gräbt und gräbt.«

Ein Wikinger ist weggetreten. Er steht breitbeinig da, mit hängenden Armen und hängendem Kopf. Auf Stand-by.

Die Dorfkinder hüpfen um die Tänzer herum. Ein tätowierter Holländer schnappt sich einen Jungen und spielt Flugzeug mit ihm. Das Kind freut sich. Der Holländer rutscht im Schlamm aus. Das Kind tut sich weh.

»Guck mal, selbst die Kinder sind hier auf Drogen.«
»Nein, du hast was genommen. Garantiert.«

Die Erwachsenen stehen da, wie erstarrt. Mit offenem Mund und großen, runden Augen angesichts dieses unbegreiflichen Schauspiels der Weißen, die hier einen Höllenlärm veranstalten, sich genussvoll in Parallelwelten wälzen und das ursprüngliche Gleichgewicht des Dschungels auf den Kopf stellen. Wir alle sind Claude Lévi-Strauss.

»Hast du schon mal nach dem Ungreifbaren gegriffen?«
    »Nein, damit habe ich vor langer Zeit aufgehört.«
    »Da hast du recht. Das Konzept von Raum und Zeit ist wirklich zu eng gefasst.«

Eine Stimme beamt mich zehn Jahre zurück und zehn Jahre nach vorne.
    Der Teenager, der aus dem Zelt krabbelt, trägt ein T-Shirt von La Vache Qui Rit. Ich erkläre einem Huhn, dass dieser Fluss immer weiterfließt, bis zum Ursprung der Welt. Ich begreife, wenn ihr wüsstet, wie sehr ich begreife.

Der Tag bricht mit einem *Ave-Maria* an.
Die Nacht dauerte eine Minute.
Das Licht verschlingt uns.
Wir sind am Leben, irgendwo im Universum.

Guatemaltekische Episode,

in der endlich eine Sexszene vorkommt

Das ist in der Tat eine Ratte, die da über mein Bett huscht. Ich strampele reflexartig mit den Beinen wie ein Reptil, das Nagetier landet auf dem staubigen Boden. Es schnüffelt an dem Zigarettenstummel, den ich am Vorabend auf den Fliesen ausgedrückt habe. Das Zimmer, wenn man das überhaupt so nennen kann, hat weder Dusche noch Fenster, da darf man keinen Aschenbecher erwarten. Ich richte mich auf und reibe mir die Augen, der Nager schaut mich an, als wollte er sagen: Du solltest dieses schäbige Hotel verlassen und am besten auch gleich diese Stadt. Man sollte die Ratschläge von Tieren immer befolgen, sie spüren lange vor uns, wann es an der Zeit ist, sich aus dem Staub zu machen.

Bevor ich Guatemala verlassen kann, muss ich noch eine Sache erledigen. Ich blicke auf meine Karte, das Land sieht aus wie ein Küken, das den Kopf aus seinem Nest streckt. Seit einigen Wochen bin ich jetzt hier, und meine Haupttätigkeit bestand darin, nichts zu tun. Die Sonne anschauen, die sich in den Bergseen spiegelt, von wenig leben, mich an den Straßenrand setzen und die Leute vorbeigehen lassen. Wie alle habe ich eine Maya-Ruine besichtigt und eine Kolonialstadt, die zum Weltkulturerbe der UNESCO zählt. Ins Land gelangt bin ich auf einem Fluss über die mexikanische Grenze. Sechs Stunden in Treibstoffgestank, in denen ich mir in einer von einem unsympathischen Säufer gesteuerten Nussschale mit Motor einen Weg durch den Dschungel bahnte. Trotz allem ein erhabener Augenblick.

Lateinamerika ist wahrscheinlich die Region auf der Welt, wo ich mich am wohlsten fühle, man muss nur die ausufernden, verschmutzten und von Armut überquellenden Hauptstädte meiden. In Guatemala Ciudad sorgen die Bürgersteige voller Löcher, die Macht der Banden und die Erinnerungen an den Bürgerkrieg für eine unverschämt hohe Rate an Gehbehinderten. Das beeinträchtigt auch den Elan des Reisenden.

Ich verlasse die Stadt in einem vorsintflutlichen Bus. Der Mann auf dem Platz neben mir trägt einen Hut, einen fein gestutzten Bart und eine Pistole am Gürtel. Während mein Nachbar seine Muskeln spielen lässt, drücke ich meine Wange an die Scheibe und lasse Guatemala vorbeiziehen. So sieht ein Land aus, in dem man ganz einfach innerhalb eines Tages von einem Ozean zum anderen gelangt.

Am späten Nachmittag komme ich in Puerto Barrios an und gehe dort an Bord eines Schiffes, das die Flussmündung des Rio Dulce überquert. Ein anderer Planet: die Karibik. Der einzige Weg nach Livingston führt übers Wasser. Es gibt keine Straße. So ist dieser Flecken vor größeren Touristenströmen und den Banditen aus der Hauptstadt geschützt. Häuser im Kolonialstil, ein Basketballplatz und ein paar einfache Cafés markieren die Hauptstraße. Die Feuchtigkeit der Luft in Verbindung mit der Zuverlässigkeit der Architekten und der Qualität der Materialien führt dazu, dass einige Bauten schief stehen und in den tropischen Erdboden absacken. Genau im rechten Augenblick verweist ein verbogenes

Schild auf ein Hotel. Fünf oder sechs simple Hütten, die man für ein Butterbrot mieten kann. Die Geschäfte wickelt Joey ab, ein bebrillter Rasta mit löchrigem Shirt. Ich stelle meine Sachen ab, und Joey setzt zu einer Philosophievorlesung an, dabei sitzt er auf der Betonplatte des Innenhofs, wo einige Federviecher völlig ungestraft herumlaufen.

»Weißt du, Bob Marley lebt.«

»Ach nein, das wusste ich nicht.«

»Er lebt in unseren Herzen, er lebt in unserem Geist, er lebt im Rauch.«

Er hält mir seinen Joint hin. Ich lehne ab, mein Geist ist schon benommen von der maritimen Feuchte. Berauscht von der Realität, gehe ich auf den schlammigen Straßen dieses Kaffs spazieren, in dem sich dicke Mamas unter verbeulten Vordächern unterhalten. Als ich vorbeigehe, stoßen sie sich mit dem Ellenbogen an.

»Hey, Baby, sollen wir dir Dreads machen?«

Wie in Louisiana, sage ich mir, bevor mir einfällt, dass ich noch nie in Louisiana gewesen bin. Livingston ist eine Garifunastadt. Ein schwarzes, amerikanisches Volk, das stolz darauf ist, niemals versklavt worden zu sein. Seine Vorfahren sind angeblich die Überlebenden eines untergegangenen Sklavenschiffs. Die Garifuna entwickelten ihre Kultur und eine eigene Sprache an der Atlantikküste Mittelamerikas. Hier fühlt man sich weit weg von Guatemala Ciudad.

Ich betrete etwas, das ich in Ermangelung eines besseren Wortes als Bar bezeichne, eine Bretterbude mit Palmendach. Eine alte Frau serviert hinter einem wackeligen Tresen Bier: »Que quieres, mi amor?«

In diesen Gegenden ist *mi amor* nur eine Höflichkeitsfloskel. Ich trinke mein Bier auf der Straße. Herumlaufende Kinder, herumlungernde Jugendliche. Ein Halbstarker mit geweiteten Pupillen kommt auf mich zu und fragt, ob ich Angst vor ihm habe. Seine Stimme klingt seltsam. Ich bin nicht sicher, ob er mich einschüchtern will. Womöglich will er wirklich wissen, ob ich Angst habe. Nein, es gibt schließlich keinen Grund, Angst zu haben, warum auch? Er verschwindet wieder, ohne etwas zu sagen, behält die Antwort für sich und die Mütze verkehrt herum auf dem Kopf. Ich mische mich ins Gespräch zweier Typen ein, die darüber diskutieren, ob man seinen Sohn Ringo nennen kann. Meine Meinung ist eindeutig: Man kann seinen Sohn Ringo nennen.

Drinnen lässt die Barbesitzerin sich auf der Bühne – so würde ich das zumindest nennen – nieder, ein Podest von fragwürdiger Stabilität. Sie ist genauso massig wie Aretha Franklin und hat beinahe die gleiche Stimmkraft. Die Oma trommelt mit Stöcken auf zwei großen Schildkrötenpanzern. Eine Art Latino-Gospel voller Schmerz und Freude. Ich bin der einzige Zuhörer. Sie bleibt eine Viertelstunde auf der Bühne und macht sich danach wieder ans Bierausschenken.

Das war ein ordentlicher Tag: eine Hauptstadt, die Karibik, Aretha Franklin. Ich kann mich in meine Hütte zurückziehen und mit dem beruhigenden Gefühl, meine Pflicht als Tourist erfüllt zu haben, einschlafen, trotz des Gebells eines blöden Hundes, der Hunger vortäuscht.

Ein Schlag gegen die Fensterscheibe reißt mich aus dem Schlaf.

Ich mache die Lampe an. Noch ein Schlag. Ich öffne das Fenster einen Spalt.

»Hast du eine Zigarette?«

Ich sehe nur Umrisse. Eine junge Frau.

»Ja.«

»Kannst du mir zwei geben?«

»Ja.«

Ich nehme meine Packung und reiche sie ihr durchs Fenster.

»Kann ich reinkommen?«

»Ähm ...«

»Warte, ich komm gleich wieder.«

Sie verschwindet. Ich lege mich wieder schlafen. Sie hat keinen Grund, wiederzukommen, ich habe ihr die Zigaretten gegeben. Ich schließe erst das linke Auge, dann das rechte, und schon überkommt mich der Schlaf. Es klopft wieder, diesmal an der Tür.

Ich stehe auf, bin genervt von diesem Spielchen. Der werde ich zeigen, was sich gehört. Es ist mitten in der Nacht, und man weckt nicht einfach mitten in der Nacht Leute auf, die man nicht kennt.

Kaum habe ich die Tür geöffnet, wirft mich jemand aufs Bett. Die Hölle. Ist das hier eine Falle, die Straßenräuber ausgeheckt haben? Nein, es ist die junge Frau. Vier Sekunden nach ihrem Hereinplatzen reißt sie meine Boxershorts runter und macht sich ohne erkennbaren Grund daran, mir wie besessen einen zu blasen. Vielleicht handelt es sich dabei um ein guatemaltekisches Willkommensritual, das der *Guide du routard* auf den Seiten *Lebensart und Bräuche* vergessen hat zu erwähnen? Ich reibe mir die Augen, weil ich nicht glauben kann, was hier passiert, und versuche, das Gesicht zu erkennen. Kenne ich nicht. Noch nie gesehen. Wirklich überaus seltsame Umgangsformen. Ich hatte auf allen fünf Kontinenten sexuelle Beziehungen, aber nie auf diese Weise. Gern würde ich sie nach ein paar Erklärungen fragen, aus rein ethnologischer Neugier. Handelt es sich dabei um einen präkolumbianischen Brauch oder um eine Voodoo-Tradition? Werden alle Besucher so begrüßt (das erscheint mir recht unwahrscheinlich, das hätte doch die Runde gemacht)?

Ich komme nicht dazu, meine Fragen zu stellen, denn die junge Dame besteigt mich – immer noch, ohne nach meiner Meinung zu fragen. Sie fickt mich wie eine Wilde und begleitet ihre Gebärden mit Worten, deren Sinn ich nur grob verstehe. Sie ist viel zu laut. Von draußen höre ich ein »Halt die Klappe, Claudia«, das ich Joey zuordne.

Ich denke an eine versteckte Kamera. Eine Realityshow im Fernsehen, die sich einen Spaß daraus macht, Leute reinzulegen: Man schickt ihnen ein Kommando Nutten und filmt dabei die Reaktionen der Familie.

In der Nacht davor war eine Ratte in meinem Bett. Nun werde ich rangenommen, unter der glühend heißen Haut eines durchgeknallten, aber zweifellos lebendigen Wesens.

Die Furie kommt, ohne sich um mich zu kümmern. Dann setzt sie sich aufs Bett und zündet die zwei Kippen an, die ich ihr gegeben habe. Sie reicht mir eine und raucht die andere selbst.

»Ich heiße Claudia.«

Soll ich darauf »Freut mich« antworten? Schwer zu sagen. Zu meiner großen Überraschung ist sie schön. Wäre ich Amerikaner, würde ich »She's an eight« sagen. Honigfarbene Haut und Locken, müdes Gesicht. Sie kommt aus El Salvador und arbeitet als Kellnerin in einer Bar – übrigens ist sie betrunken. Sie redet sehr laut und nur wirres Zeug. Sie kennt die großen Kokaindealer, ihr Vater ist tot, sie tanzt gern. Sie fragt mich, ob ich vorhabe, länger in Livingston zu bleiben. Ich weiß nicht.

»Bleib wenigstens noch morgen. Wir werden den ganzen Tag ficken.«

Und daraufhin geht sie, ohne mir gute Nacht zu wünschen. Ich schlafe sofort ein, ohne gekommen zu sein. Ich habe sie nie wiedergesehen.

Als ich aufwache, denke ich an diesen verrückten Traum. Dann entdecke ich einen Schriftzug auf dem Laken:

Claudia was here

Es stimmt, sie hat gestern Abend ihren Namen dort hingeschrieben. Vielleicht wollte sie mir so versichern, dass ich nicht geträumt habe. Ich überprüfe meine Brieftasche und den Rest meiner Sachen. Es fehlt nichts.

Mich überkommt eine vage Genugtuung. Eine absurde Genugtuung, schließlich habe ich diese Frau nicht verführt. Sie brauchte einen Mann, um sich zu erleichtern, und sie hat sich nicht mit Formalitäten aufgehalten. Sie hätte genauso gut nebenan ans Fenster klopfen und den Nachbarn bumsen können.

Was bleibt von so einem Erlebnis hängen? Nichts, außer dass solche Dinge eben passieren können. Solche Dinge können auf Reisen passieren. Du schläfst friedlich. Eine Frau dringt in dein Zimmer ein, schenkt dir Liebe, nimmt sich Liebe und verschwindet wieder.

Ich betrachte mein Gesicht in etwas, das ich einen Spiegel nennen würde. Ich habe Augenringe, den Atem eines Haudegens und einen schmerzenden linken Hoden. »Du bist wirklich eine kleine Schlampe«, sage ich mit einem hämischen Lächeln zu mir selbst.

Blitzartig durchfahren Schuldgefühle meinen Geist: »Du hast gerade ohne Gummi mit einer Nymphomanin in der Karibik gebumst.« Der Grad meiner Genugtuung sinkt um neunzig Prozent und hinterlässt ein quälendes Gefühl, etwas wie Angst. Bei all diesen Krankheiten, die es hier so gibt. Man lehrt uns von klein auf, dass man sein Glied in Plastik stecken muss, um Liebe zu machen. Und dann wundert man sich, wenn die Welt zugrunde geht.

Der Himmel ist trostlos, ich laufe an einem endlosen Strand geradeaus, ohne zu wissen, wohin ich gehe. Ein paar Fischer, wackelige Häuser, Frauen in langsamem Schritt mit Wäschekörben auf den Köpfen.

Die Tropen, wie Conrad sie beschreibt, ohne Sonne, wo man unter einem niedrigen, erdrückenden Himmel schwitzt, mit Schimmelgestank, der die nächste drohende Katastrophe ankündigt. Auf der letzten Hütte am Strand ist eine Zeichnung in verwaschenen Farben zu sehen, ein Mann mit einer Angelrute in der Hand und einem Fisch an der Spitze seines Penis. *The Happy Fisherman* lautet der Titel des Kunstwerkes. Danach treffe ich niemanden mehr.

Ich setze einen Fuß vor den anderen, die Leere in meinem Hirn breitet sich ungehindert aus.

Ich denke an die Blutuntersuchung, die mir zwei Monate später Erleichterung verschaffen wird (ich weiß, mir kann nichts passieren, ich bin zu unbeschwert für eine so schwere Strafe). Ich denke daran, nicht mehr daran zu denken.

Am Strand paaren sich die Krabben. Ist der Mensch das einzige Tier, das sich versteckt, um Sex zu haben? Ist der freie Zugang zu Pornos die große anthropologische Veränderung des dritten Jahrtausends? Habe ich mir irgendeine Sauerei eingefangen?

Ich schaffe es nicht, nicht mehr daran zu denken.

Man sollte konsequenter sein. Man kann sich nicht damit zufriedengeben, sein ganzes Leben lang Erfahrungen zu sammeln und eine Stadt nach der anderen abzuklappern. Ich habe Sydney, Montreal, Tokio, New York und ihre kleinen Schwestern besucht. Und was habe ich davon gehabt, nachdem das flüchtige Entdeckerglück des Touristen verflogen war? Ich brauche Reisen von großer Bedeutung. Reisen, die größer sind als meine Wenigkeit.

Zu meiner Linken verschmelzen Himmel und Meer zu einer weiten, eintönig grauen Fläche, die nicht gerade Balsam für die Seele ist. Zu meiner Rechten liegt ein dichter Wald, aus dem ein Fluss herausfließt. Ich folge ihm stromaufwärts, bis ich an einen Wasserfall komme. Das Wasser ist klar, ich tauche ein. Ich plansche ein wenig auf dem Rücken. Auf den hohen Ästen sitzen Affen, sie beobachten spöttisch den nackten Mann, der in ihr Territorium einfällt. Ich strenge mich übermenschlich an, an nichts mehr zu denken, halte meinen Kopf unter den starken Strahl des Wasserfalls und brülle los.

Flughafen-Zwischenspiel,

in dem man die Schweizer hasst

Mit einer Hand halte ich meine Hose, in der anderen meinen Pass. Außerdem muss ich auch noch meine Schuhe ausziehen, während mein Telefon und mein Gürtel gescannt werden. Der Beamte schmeißt meine Wasserflasche weg, und ich merke deutlich, dass ihm diese Farce genauso unangenehm ist wie mir.

Eine schlichte Bemerkung zum Schwachsinn der Sicherheitsvorschriften an Flughäfen, die von einer x-beliebigen Kommission aus Offizieren des Pentagons durchgesetzt wurden: Im Flugzeug bekommt man echte Metallmesser zu den Mahlzeiten gereicht, aber man darf seine Nivea-Creme nicht mit an Bord nehmen. Irgendwas läuft da falsch.

Sieben Uhr. Der Himmel über Roissy ist noch dunkel, und ich befinde mich in einer Art Dämmerzustand. Ich bin um zwei Uhr morgens ins Bett gegangen, meine Tasche war noch nicht fertig gepackt. Den Wecker hatte ich auf 4 Uhr 50 gestellt. Um 4 Uhr 39 bin ich eingeschlafen, und ein faschistisches Klingeln hat mich aus den elf köstlichen Minuten Schlaf gerissen, die ich schließlich gefunden hatte.

Dennoch war ich glücklich. Ich wusste, dass ich ein paar Stunden später schlapp und voller Vorfreude mitten im Heiligen Land landen würde, der Wiege unserer Kulturen, dem Zentrum der spirituellen Welt, dem Abbild der geopolitischen Ängste aus den allabendlichen TV-Nachrichten. Ich würde die Klagemauer sehen, den Tempelberg und das Heilige Grab, die Kräfte kennenlernen, die die Region am Leben halten und zerreißen, und möglicherweise den Konflikt zwischen Israel und Palästina lösen. An jenem Morgen glaubte ich, für die Frühaufsteher unter den Reisenden habe die Morgenstund Gold im Mund.

Ich weiß, was mich im Flugzeug erwartet. Der von der Sonne in rötliches Licht getauchte Horizont über den schneebedeckten Alpen. Das schönste Schauspiel von einem Flugzeugfenster aus – und die Welt ist nie so schön wie hinter einem Flugzeugfenster. Erster Stolperstein, der weitreichende Konsequenzen haben wird: Die Startbahn ist verstopft. Wir warten auf dem Rollfeld. Lange.

Hoch oben in der Luft kann ich noch so lange Ausschau halten, ich finde die Alpen nicht. Dabei waren sie doch bei meinem letzten Flug von Paris nach Zürich da, unberührt und für alle Ewigkeit. Globale Erwärmung, nehme ich an.

Ich hatte den Flughafen von Zürich in guter Erinnerung, aber das lag daran, dass ich ihn mit dem von Singapur verwechselte. Im Grunde ist er das allerbanalste Beispiel für einen Schweizer Flughafen. Ich weiß noch nicht, in welche Falle ich da gerade getappt bin. Wir haben Verspätung. Ich könnte meinen Anschlussflug verpassen, ich muss mich beeilen. Mein Lauf wird direkt beim Verlassen der Maschine gebremst: »Sie wurden umgebucht«, teilt mir eine Mitarbeiterin der Airline mit.

Ein kleines, belangloses Ärgernis. Eine Reise ohne Komplikationen ist schließlich keine echte Reise. Nichts läuft jemals so wie geplant, das macht das Nomadenleben aus. Ich habe schon vor langer Zeit aufgegeben, auch nur irgendetwas zu planen, sobald ich ein Flugticket in der Tasche habe.

Halb so schlimm, dann nehme ich eben den nächsten Flug. Also begebe ich mich leichten, wenn auch schlaftrunkenen Schrittes zum Schalter. Ich sage mir sogar, dass es gar nicht schlecht ist, als ich dem Geflüster entnehme, dass wir entschädigt werden.

Die Frau am Transferschalter ist eine betagte, deutschsprachige Schweizerin, die Französisch mit einem fürchterlichen Akzent spricht: »Heute gibt es keinen Direktflug mehr nach Tel Aviv. Das tut mir leid.«

»Das ist ja ärgerlich. Was mache ich jetzt?«

»Die beste Möglichkeit für Sie wäre, über Brüssel zu fliegen.«

Das ist wohl ein Scherz. Ganz im Gegensatz zu dem gängigen Klischee sind die Germanen einem Spaß nicht abgeneigt, sofern sich die Gelegenheit bietet. Wenn sie das ernst meint, ziehe ich ihr das Fell über die Ohren. Ich werde nicht zurück nach Brüssel fliegen, das ist die falsche Richtung.

»Gibt es da denn keine bessere Verbindung?«

»Nein.«

»Und wann komme ich dann in Tel Aviv an?«

»Sie werden um zwei Uhr morgens dort landen.«

Albtraum. Ich weiß, ich kann nicht gegen einen Kontrollturm ankämpfen, und ich habe nicht die Absicht, ein Flugzeug zu entführen, um pünktlich anzukommen. Also spreche ich die finanzielle Seite an: »Also gut, eigentlich dürfte klar sein, dass Sie sich aufgrund des entstandenen Schadens mir gegenüber kulant zeigen müssten.«

»Ja, ja. Ja, ja, ich kann Ihnen einen Verzehrgutschein im Wert von zehn Schweizer Franken geben, der im gesamten Flughafen einlösbar ist.«

Ich schwöre, all das erklärt sie mir, ohne auch nur einmal zu lächeln. Ich bin sprachlos, Müdigkeit übermannt mich (ich erinnere daran, dass ich eine schlaflose Nacht hatte), nichts auf dieser Welt ergibt Sinn. Ich fasse mich wieder.

»Vorsicht, Madame, mit Ihrem Gutschein werde ich eine Schere kaufen.«

»Wie bitte?«

»Entschuldigen Sie bitte, ich bin müde.«

Ich spiele weiterhin den unzufriedenen Kunden, höflich, aber unbeirrt, nach dem Motto: »Bedauerlicherweise sehe ich mich gezwungen, Sie weiterhin zu behelligen, aber auf Schweizer Staatsgebiet soll man nicht behaupten können, ich sei ein Idiot, den man mit einem Verzehrgutschein abspeisen kann.«

Die Sau bleibt unnachgiebig. Ich werde nicht so weit gehen, nach ihrem Vorgesetzten zu verlangen. Das ist abscheulich, würde nichts bringen, und ich bin erschöpft. Ich gebe mich geschlagen.

Ein Debakel. Ich trete mit meinem Verzehrgutschein im Wert von zehn Schweizer Franken den Rückzug an. Ich bin nervlich angespannt, umgeben von gutturalen Lauten, die nicht gerade zur Besserung beitragen. Ich beschließe, auf der Stelle meine Toleranzprinzipien über den Haufen zu werfen und alle deutschsprachigen Schweizer zu hassen. Ich löse den Gutschein ein und schlinge eine Frankfurter hinunter: Immerhin das kriegen die Scheißdeutschen nicht.

Ich muss mehrere Stunden totschlagen. Also betrachte

ich die Schweizer, die an mir vorbeigehen, und meine Wut steigt. Herrgott, ich muss diese aufkeimende germanophobe Feindseligkeit zügeln (und mit dieser erbärmlichen Vermischung von Deutschen und Schweizern aufhören). Ansonsten werde ich mir noch Feinde machen in Sachen Präzisionstechnik oder Bankgeheimnis für Schokolade. Von wegen! Selbst auf Klischees ist kein Verlass. Wenn die Teutonen wirklich pünktlich wären, dann würde ich ja nicht in dieser Patsche sitzen.

Verzeiht mir, liebe Freunde aus Germanien, wenn ich die Gelegenheit nutze, mich dieser Stereotypen reichlich zu bedienen. In Israel wird es deutlich komplizierter sein, solche Späße zu machen, angesichts der Situation dort. Mir scheint, Witze über Juden und Araber führen da zu einigen Spannungen.

Mit einer Mischung aus Erleichterung und geistiger Verwirrung verlasse ich die schweizerische Eidgenossenschaft in einem Flugzeug nach – ich kann es nicht glauben – Brüssel. Hoch oben vertiefe ich mich in einen Artikel des *Figaro magazine* über den Gazastreifen. Im Wolkenmeer ergreift aufgrund des langen Vorabends ein Enthemmungszustand Besitz von mir und entlockt mir einige Jamben:

Auch wenn da unten die Wut gärt
Schweb ich hier oben unbeschwert
Hostessen klimpern ihre Lider
Mein Himmelsschiff wogt auf und nieder

Walküre, unter deinen Schuh'n
Wird vielleicht noch 'ne Bombe ruh'n
Wir haben jetzt schon Februar
Noch bin ich schlaflos dieses Jahr

Ich schalte um in den Modus Kapuze-und-Sonnenbrille und widme mich einem Powernap. Es funktioniert, meine Akkus laden sich wieder auf. Allerdings nicht lange genug, denn über Luxemburg weckt mich die oben in Versform gefasste Stewardess auf Deutsch, um mir ein Salamisandwich anzubieten. Ohne zu verstehen, warum, fühle ich mich mit einem Mal von Liebe für die gesamte Menschheit erfüllt, Bayern inklusive.

Brüssel, 17 Uhr. Ich weiß nicht mehr, welcher Tag heute ist. Um 21 Uhr geht mein Flug nach Tel Aviv. Zu wenig Zeit, um etwas von der Stadt mitzubekommen, zu viel, um nicht vor Langeweile, allein auf einem Flughafen, zu vergehen. *Lost in Translation*, in Brüssel, ohne Scarlett Johansson. Langsam fühlt es sich auch wie *Und täglich grüßt das Murmeltier* an, auch ohne Bill Murray. Flughafen, seltsames Französisch, Flugzeug, Müdigkeit in Endlosschleife. All das wird also nie aufhören. Zu allem Überfluss wurde mein Gepäck in der Panik wahrscheinlich fehlgeleitet und landet womöglich in Lima oder in Limoges.

18 Uhr 11: Mein Telefon klingelt, es ist Xavier Martin-Turmeau, der mich zu sich einlädt, um *Trivial Pursuit* zu spielen, dieser Tag ist vollkommen absurd. Mir bleibt nichts anderes übrig, als einen Text zu Ehren der Belgitude, der belgischen Seele, zu schreiben, in dem ich es nicht versäume,

zu erwähnen, dass der Begriff Swissitude nicht einmal existiert.

19 Uhr 30: Ich sollte im Nahen Osten sein, ich bin in Brüssel, dreihundert Kilometer von meinem Ausgangspunkt entfernt. Das Grab Christi ist nicht in Sicht.

Zigarette draußen vor dem Flughafen. Ich brauche sechs Minuten, um das Päckchen zu finden. In meinem Leben gibt es zu viele Taschen. Ein Jugendlicher mit Lockenkopf und Sommersprossen bietet mir eine Zigarette und – wie er es ausdrückt – einen Anzünder. Ich würde ihn gern umarmen. Ich erkläre ihm, dass es so was in Paris seit Pompidou nicht gegeben hat: einem Fremden unaufgefordert eine Kippe anzubieten.

Alexis mag Paris, er ist siebzehn Jahre alt, und er will reisen. Er möchte wissen, wie die belgische Politkrise in Frankreich wahrgenommen wird. Ist uns schnuppe, glaube ich, noch mehr jedenfalls als der Nahost-Konflikt, was irgendwie seltsam ist, wenn man es richtig bedenkt. Alexis sieht sich in erster Linie als Flame, dann als Belgier, aber er kann sich eine Teilung des Landes nicht vorstellen. Ein guter Junge. Er meint, man müsse Gegensätze überwinden können, wenn man sich ein Stück Land teilt. Und Brüssel, was würde daraus werden?

Die Zeit vergeht lautlos. Nur noch fünfundzwanzig Minuten bis zum Boarding-Ende. Ich darf diesen Flieger nicht verpassen; das wäre der Gipfel. Ich verabschiede mich von Alexis und gehe zur Sicherheitskontrolle. Die Schlange ist lang. Es zieht sich hin. Die Durchsuchungen sind gründlich. Nur noch vierzehn Minuten bis zum Boarding-Ende. Gleich bin ich dran. Nur noch eine Frau vor mir. Blond, Pferdeschwanz, Kostüm, Produktmanagerin bei Procter & Gamble (oder Parlamentsassistentin), die wir der Einfachheit halber Sabine nennen.

Sie legt ihr Handgepäck auf das Fließband des Bombendetektors. Der Beamte hinter dem Monitor verzieht das Gesicht.

»In Ihrer Tasche befindet sich kein verbotener Gegenstand?«

»Nein, ich glaube nicht.«

Nur noch neun Minuten.

»Können Sie die Tasche bitte öffnen?«

»Aber ich versichere Ihnen, da ist nichts Gefährliches drin.«

Sie nörgelt herum. Los doch, Schätzchen, mach, was der Herr dir sagt, es sind nur noch sieben Minuten. Sabine sträubt sich, folgt aber, weil sie keine andere Wahl hat, der Anweisung. Der Beamte durchsucht den Inhalt.

»Was ist in diesem Paket?«

»Das ist privat.«

»Sie müssen das öffnen, Mademoiselle.«

Ja, und zwar schnell. Sonst werde ich in Madrid landen. Oder, noch schlimmer, in Frankfurt.

Sabine verzieht das Gesicht, der Beamte öffnet das Paket. Zum Vorschein kommen wunderschöne Handschellen aus Metall mit rosafarbenem Pelzbesatz. Sabine ist knallrot. Eigentlich sollte ich darüber lachen, aber: fünf Minuten noch.

»Wofür ist das?«

»Ein Geschenk für meinen Freund.«

»Aha. Das nächste Mal packen Sie so was ins Reisegepäck. Weitergehen!«

Drei. Ich komme ohne Probleme durch (ich habe daran gedacht, meine Sex-Toys in den Koffer zu packen), ich renne. Eine Minute noch. Ich gehe an Bord.

Ich hebe ab, die Frankofonie entschwindet. Meine Sitznachbarn sind zwei Inder, die vegetarisches Essen bestellen und durch Rotwein locker werden. Bis jetzt läuft alles gut.

Ich fliege über die Balkanländer, und ich weiß noch nicht, ob ich in Tel Aviv ankommen werde. Es kann alles Mögliche passieren, das hat sich zur Genüge gezeigt. Ich kann einschlafen und irgendwann irgendwo wieder aufwachen. Ich bin ein Durchgangsreisender, und das gefällt mir. Obwohl unsere Transportmittel angstbesetzt sind, fühle ich mich komischerweise geschützt vor dem Hass der Welt, sobald ich unterwegs bin.

In ein paar Stunden werde ich mich in einem Zustand kurz vor dem Koma und in einem Land kurz vor dem Krieg befinden. Ich werde den Verdächtigungen der Zollbeamten mit einem Lächeln antworten und einen Bus finden müssen, der mitten am Sabbat nach Jerusalem fährt. Ich werde mit meinem Rucksack auf dem Rücken um drei Uhr morgens in einer unbekannten, ewigen Stadt ankommen.

Ich werde einen Platz zum Schlafen finden müssen.

Man findet immer einen Platz zum Schlafen.

Nahöstliche Episode,

in der der israelisch-palästinensische
Konflikt nicht gelöst wird

Die Welt hat sich verändert. Früher musste man sich bei politischen Diskussionen rechts oder links einordnen. Jetzt
muss man zwischen Juden und Arabern wählen. Wenn man
das Thema anspricht, werden die Menschen hysterisch, das
nervt ein bisschen. Am Ende dieses Kapitels werden einige Leser mich, je nach individueller Neurose, für empörend
pro-israelisch halten, andere wiederum für empörend propalästinensisch. Sollen sie sich doch empören, die können
mich mal, ich bin für Barça.

Der Himmel hier ist so blau wie nie. Ein paar Schritte reichen
aus, um zu begreifen, dass diese Stadt unvergleichlich ist. Innerhalb der Stadtmauern Jerusalems gibt es keine deutliche
Trennung zwischen jüdischem, muslimischem, christlichem
und armenischem Viertel. Während meines Besuchs begegnen sich die Menschen ohne sichtbare Spannungen. Im Souk
werden am selben Stand T-Shirts mit den Aufschriften *Super
Jew*, *Free Palestine* und *Peace* verkauft. *Holy business.* Ohne die
Händler könnte man in den Gassen dieser steinernen Stadt
meinen, man sei im Mittelalter. Der Ort verströmt einen
Hauch von Ewigkeit.

    Am Checkpoint vor der Klagemauer informiert ein Schild,
dass das Großrabbinat von Israel verfügt hat, man könne
den Metalldetektor passieren, ohne die Gebote des Sabbats

zu brechen. Diese Verfügung weckt in mir eine alte Erinnerung.

Paris, eine Straße im neunten Arrondissement, ein Samstag. Vor einer Haustür warteten drei Personen auf dem Bürgersteig. Orthodoxe Juden, Schläfenlocken und schwarze Filzmäntel. Als ich auf ihrer Höhe war, baten sie mich, den Zugangscode an der Haustür einzugeben, damit sie das Gebäude betreten könnten. Ich schaute gründlich nach, sie alle hatten fünf Finger an jeder Hand. Ich tippte den Code, und sie gingen hinein. Ich sagte mir, dass ich soeben entweder die größten Faulpelze auf Erden getroffen hatte (zu träge, um einen Code einzugeben, na bravo) oder Außerirdische, die menschliche Gestalt angenommen, aber sich noch nicht an die Verrichtungen des täglichen Lebens angepasst hatten. Es war viel einfacher. Während des Sabbats ist der Gebrauch von Strom untersagt, und die ganz Gewissenhaften verwenden weder Sprechanlage noch Aufzug noch irgendwas. In Israel gibt es Aufzüge, die automatisch auf jeder Etage halten, damit die Ultragläubigen nicht auf die Knöpfe drücken müssen. Ohne mich als Exeget einer Religion, die nicht meine ist, aufspielen zu wollen, erscheint es mir doch dem Sinn des Gesetzes angemessener, die Treppe zu nehmen.

Unten auf dem schrägen Vorplatz stehen ins Gebet versunkene Gestalten vor den Überresten des Herodianischen Tempels. Die Seite der Männer ist durch einen Zaun von der kleineren der Frauen getrennt. Man kommt hierher, um zu beten und um kleine Zettel in die Zwischenräume der *Kotel* zu stecken, der analoge Weg, um dem Allmächtigen Botschaften zu schicken. Die Organisation ist gut, am Eingang erhalte ich eine Kippa. Die meisten Männer sind total gestylte Orthodoxe mit langen Bärten, schwarzem Mantel und Hut. Einige befinden sich quasi in Trance, psalmodieren sehr laut, schlagen kräftig und jammernd gegen die Mauer (sie klagen, dafür ist sie ja da). Direkt daneben rauchen andere und telefonieren. Eine Mischung aus Inbrunst und Beiläufigkeit.

Ein paar Tauben nisten weiter oben in der Mauer. Direkt über dem Gebetsbereich. Ich kann mir vorstellen, dass sich während eines göttlichen Gesprächs ab und an ein Vogel erleichtern muss, was mir nur mäßig koscher erscheint.

Anmerkung: Das beim jüdischen Gebet charakteristische Vor-und-zurück-Schaukeln kann als eine Sublimierung des Geschlechtsaktes interpretiert werden. So viel zur verworrenen Beziehung zwischen Sex und Spiritualität, den feindlichen Brüdern der Transzendenz.

Unter dem überdachten Teil der Mauer betet ein Soldat mit umgehängter Uzi. Ein Teenager steckt vor den Torarollen den Finger bis zum zweiten Glied in die Nase. Die Touristen filmen. Ich finde das taktlos, aber es stört niemanden. Für die entrückten Gläubigen sind wir unsichtbar.

Hinter der Mauer befindet sich der Tempelberg, der drittheiligste Ort des Islam. Nicht etwa auf der anderen Straßenseite. Juden und Muslime beten auf denselben Steinen. Die Moscheen bekomme ich heute nicht zu Gesicht. Der israelische Soldat, der den Eingang bewacht, weist mich zurück, da Nichtmuslime nach 13 Uhr 30 nicht mehr eingelassen werden.

Der Bus fährt den Ölberg hinauf. In der Ferne erkennt man die Grenzmauer, die sich durch die Hügel schlängelt. Überall Stacheldraht. Wir sind in Ost-Jerusalem. Arabische Kinder machen sich einen Spaß daraus, Steine gegen eine Böschung zu werfen. Zwanzig Meter weiter spielen jüdische Kinder auf einem gut gesicherten Feld Fußball.

Auf dem Hügel erlebe ich eine überwältigende ästhetische Offenbarung. Vor mir liegt der große jüdische Friedhof mit weißen Gräbern voller Steine. Hier soll der Messias erscheinen. Gegenüber Jerusalem mit den Stadtmauern und dem Gold des Felsendoms im Vordergrund und über allem der Himmel, der Jahrhundert um Jahrhundert vorüberziehen sah. Langsam verstehe ich. Spürbare Schwingungen gehen von dieser Erde aus. Ich denke, man wird eines Tages unter diesen Hügeln ein unbekanntes Mineral entdecken, das magnetische Eigenschaften hat und den Rausch erklärt, der die Menschen bei der Begegnung mit diesem Ort erfasst.

Der Weg hinunter zur Stadt ist von einer Reihe religiöser Bauten gesäumt. Die Dichte biblischer Orte in diesem Gebiet ist unvergleichlich.

Dominus flevit ist eine kleine Kapelle in Form einer Träne.

Hier hat Jesus geweint.

Am Eingang lassen gleichgültige Soldaten ihre Waffen unbeaufsichtigt herumliegen, auf einem Schild direkt daneben steht *shalom salam peace*.

Weiter unten: die Basilika von Gethsemane und Olivenbäume.

Hier hat Jesus gebetet.

Ganz unten betritt man durch das Löwentor wieder die Altstadt, da, wo die *Via Dolorosa* beginnt. Ich gehe den Leidensweg Christi, mit einem Rucksack als Kreuz und einem Sonnenbrand auf der Stirn, der die Dornenkrone ersetzt. Beim Aufstieg entscheidet sich die Shuffle-Funktion meines iPods für *Jesus doesn't want me for a sunbeam*, gefolgt von *Station to station*. Zum Glück glaube ich nicht an Zeichen. Was wir lernen, kommt von der Erde, nicht vom Himmel.

Hier ist Jesus gefallen.

Die Grabeskirche ist ein zerklüftetes Bauwerk, in dem es hoch- und runtergeht und das unter der Kuppel ein ganzes Labyrinth aus Kapellen und Bogen, Grotten und Marmorsäulen beherbergt.

Hier wurde Jesus gekreuzigt.

Die christlichen Gemeinschaften teilen sich den Ort. Die Gebetskammern sind vollgestopft, und gelegentlich prügeln sich die unterschiedlichen Kongregationen am Grabe Christi, der sich darin wahrscheinlich umdreht. Für den Reiz dieser Anekdote sei daran erinnert, dass Muslime die Schlüssel zu dieser christlichen Kirche besitzen, die von jüdischen Polizisten bewacht wird.

Man muss eine Stunde warten, um das Grab Jesu zu besichtigen, das gar nicht wirklich das Grab Jesu ist. Diese Kirche wurde mehrere Jahrhunderte nach den biblischen Ereignissen errichtet, und niemand ist sich wirklich sicher, dass die Kreuzigung hier stattfand. Es ist ein symbolischer Ort. Doch man tut so, als wäre es wahr, und schlägt sich weiter die Köpfe ein.

Ein Mann betet an einer Bushaltestelle. Ein anderer trägt eine Kopfbedeckung, die wie ein Reifen aussieht, weil das Tradition ist. Das Viertel Mea Shearim ist voll von verkleideten Leuten, doch die Stimmung hat nichts Festliches. Ein Alter humpelt auf mich zu. Er streckt mir eine Hand entgegen und bittet um Kleingeld. Hier ist man nicht reich, man verbringt mehr Zeit mit Beten als mit Arbeiten. Mea Shearim ist die Hochburg der Haredim, der ultraorthodoxen Juden. »Man lebt hier wie in einem polnischen Getto des 19. Jahrhunderts«, erklären die Reiseführer. Das könnte einfach eine sehenswerte Attraktion sein. Doch es ist eher unerfreulich. Die demografische Macht der Frommen (hier bekommen die Frauen viele Kinder) belastet die politische Debatte. Ein Teil der Haredim erkennt den Staat Israel, der sie aufnimmt, schützt und ihre Talmudschulen subventioniert, nicht an, weil es sich um ein politisches, nicht religiöses Gebilde handelt. Unter den extremsten von ihnen gibt es Juden, die sich aus Antizionismus politisch mit den schlimmsten Antisemiten zusammentun. Was die Situation, die ohnehin nicht durch Einfachheit glänzt, noch ein wenig verschärft.

Selten habe ich eine so zersplitterte Gesellschaft gesehen. Selbst wenn man die offensichtliche Kluft zwischen Juden und israelischen Arabern oder die Unstimmigkeiten zwischen Aschkenasim und Sephardim außer Acht lässt, ist der Konflikt zwischen Ultraorthodoxen und Laien ein alltäglicher, oder zumindest allwöchentlicher. Die Fundamentalisten machen Druck auf alle, die den Sabbat nicht so einhalten, wie sie ihn verstehen. Was sich in Szenen des Aufstands mit Polizeieinsätzen äußern kann, bei denen es um so entscheidende Fragen wie die als nicht koscher angesehenen Öffnungszeiten eines Parkplatzes geht.

Alle Israelis, die ich unterwegs treffe, hegen den gleichen Groll gegen die Haredim. Sie leisten keinen Militärdienst, während die anderen ihr Leben riskieren, um die Sicherheit des Landes zu gewährleisten. Sie kapseln sich von der Welt ab und hören nicht auf, andere zu belehren. Sie lesen ihr Leben lang ein einziges Buch, obwohl es Millionen Bücher gibt. Ich würde dieser Aufzählung hinzufügen, dass sie lächerlich sind. Zu ihrer Entlastung: Da sind sie nicht die Einzigen.

Der Sohn des Hotelinhabers, ein Christ, hat die Nase mächtig voll von all diesen Frommen, die »sich ganz in sich zurückziehen«. Er hat vor, eine Sushi-Bar zu eröffnen. »Das Problem in diesem Land ist, dass die Kriege immer mitten in der Hochsaison des Tourismus stattfinden, das ruiniert das Geschäft«, beklagt sich der Kaufmann. Er macht gern einen drauf. Letzte Woche war er bei einem Rave in Tiberias. Er empfiehlt mir das Nachtleben in Ramallah, die Palästinenserinnen sollen heiße Bräute sein. Das hätte ich nicht gedacht, aber da sieht man mal wieder, wohin Vorurteile führen.

Ich steige in einen »arabischen Bus«, wie man hier sagt. Wir fahren durch Jerusalem, verlassen die Stadt in Richtung Norden, und immer öfter zieren Slogans die Mauern wie etwa das nüchterne *Fuck Israel*, das mehrmals zu sehen ist. Mauern gibt es in dieser Region zur Genüge. Wir fahren an den »Sperranlagen« entlang, bevor wir den Checkpoint passieren. In diese Richtung geht das ziemlich flott.

Ich fahre ins Westjordanland. Die gleiche Landschaft, eine andere Stimmung. Fünfzehn Kilometer und Millionen Lichtjahre von Jerusalem entfernt ist Ramallah mit vierzigtausend Einwohnern die Hauptstadt der palästinensischen Autonomiegebiete, die von der Fatah regiert werden. Die

Stadt liegt auf Hügeln, hat ein überfülltes Geschäftszentrum und drum herum kleine, ruhige Straßen. Es liegt Schnee.

Rein touristisch gesehen wäre die Mukata, die das Mausoleum Jassir Arafats beherbergt, sicher das bedeutendste Bauwerk. Ich trete ein: ein Vorplatz, über dem zwei große palästinensische Flaggen wehen, ein würfelförmiges Gebäude, in dessen Mitte der Sarg des Präsidenten mit der Kufiya steht. Es wird von zwei unerschütterlichen Ehrengardisten bewacht. Hier ist wirklich niemand, außer den beiden Bewaffneten, die nicht einmal blinzeln. Ein paar Meter neben dem würdevollen offiziellen Mausoleum türmt sich der Schutt auf einem verlassenen Gelände in winterlicher Trostlosigkeit.

Ich wusste nicht recht, wie man mich empfangen würde. Scannt man das TV-Gedächtnis eines Westeuropäers, so sind die Bilder von Palästina, die man dabei findet, zerstörte Häuser, Steinewerfer, tote Kinder, Sprengstoffgürtel, Freudenschreie am elften September.

In einer Kaschemme läuft eine ägyptische Serie im Fernsehen. Breaking News: In Dimona hat gerade ein Selbstmordattentat stattgefunden. Das erste seit Langem. Ein Toter. Keine Freudenschreie, die Gäste sind entsetzt. Sie wissen, dass sie für etwas büßen werden, was sie nicht getan haben.

Der Inhaber weiß, dass ich kein Israeli bin – die dürfen hier nicht herkommen –, er spürt, dass ich kein Amerikaner bin, er freut sich, dass ich Franzose bin. Er besteht darauf, dass mein Tee aufs Haus geht, und beehrt mich mit einem *Welcome.*

Das sagt auch Zyad zu mir, ein kleiner Fünfzigjähriger mit weißem Haar und einer roten Kufiya, der mich auf der Straße anspricht. Zyad ist Händler, aber eigentlich ist er derzeit arbeitslos, also zeigt er mir sein Viertel. Wir beginnen mit den Büros eines französischen Vereins, der Musikunterricht für Kinder anbietet. Zyad betont, dass die Kultur hier auf einem guten Niveau sei. Die Leute können sich auf Englisch verständigen, und die Alphabetisierungsrate ist ähnlich hoch wie in Westeuropa, vor allem bei der Jugend. Man setzt auf Bildung.

Ich schaue den Kindern zu, wie sie in ihre Posaunen blasen, und frage mich, ob sie Al-Aqsa gucken, den TV-Sender der Hamas, in dessen Programm eine lokale Mickey-Mouse-Variante zum Töten von Juden aufruft.

Ich begleite Zyad nach Hause, wir gehen an einer Kirche vorbei – er ist Christ – und an einer Moschee, wo der Muezzin zum Gebet ruft. Er hat eine sehr schöne Stimme, und der Singsang scheint die Verzweiflung meines Begleiters freizusetzen: »Das Leben hier ist schwierig, aber die Leute sind gute Menschen. Die Anführer sind böse. Sie haben kein Interesse am Frieden, die Konflikte machen sie reich. Auf israelischer Seite ist es das Gleiche, die meisten dort wollen Frieden, aber ihre Politiker sind genauso opportunistisch.«

Das Handy des Muezzins klingelt, und die scheußlichen Interferenzen im Lautsprecher ruinieren den Zauber seines Gesangs, Zyad flucht. Wir kommen bei ihm an, er stellt mir seine Nachbarn und seine Kinder vor, die drängeln, um ihre Gesichter auf meinen Fotos zu sehen – Zauber der Digitalkamera. Zyads Frau lässt mich nicht gehen, ehe ich ihre Pita aufgegessen habe.

Bevor ich zurückfahre, trinke ich ein Bier in dem angeblich hippsten Viertel von Ramallah. Am Nachbartisch rauchen zwei Palästinenserinnen in tief sitzenden Jeans und Glitzerpumps Wasserpfeife. Eine harmlose Sache, die die Hamas ihren Cousinen in Gaza verbietet. Die emanzipierte Jugend von Ramallah schafft sich ihre eigenen Freiräume, um Spaß zu haben.

Ich frage einen Polizisten nach dem Weg zum Busbahnhof. Er bringt mich zur Haltestelle, informiert den Fahrer, gibt mir die Hand und sagt: *Welcome*.

Alle Sitze sind belegt. Ein Mann steht auf, um mir seinen Platz zu überlassen. Beim nächsten Halt steigt eine Frau mit schweren Taschen ein. Ich stehe auf. Man zwingt mich, wieder Platz zu nehmen. Ich bin der Gast.

Neben der traditionellen arabischen Gastfreundschaft verstehe ich all diese *Welcomes* als: Danke, dass du zu uns gekommen bist. Durch die geringe Bewegungsfreiheit, die ihnen zugestanden wird, haben die Palästinenser nur einen begrenzten Zugang zur Außenwelt. Sie freuen sich, wenn die Welt zu ihnen kommt. Ramallah würde gern mehr Touristen willkommen heißen.

Bethlehem ist an Touristen gewöhnt. Doch um die Wiege Christi zu besichtigen, die auf palästinensischem Gebiet liegt, muss man erneut durch die Sperranlagen. Zugegeben, das ist alles recht funktional: ein Warteraum, Toiletten und überall Kameras. Eine Aneinanderreihung von Durchgängen, Stacheldrahtzäunen und die Mauer selbst, vor der drei Muslime beten. Die Warteschlange ist lang. Palästinenser, die in Israel leben und in Bethlehem arbeiten. Jeder zeigt seine Papiere. Sie werden gescannt, und das Foto erscheint auf dem Bildschirm vor dem Soldaten, der einen durchwinkt. Achtzehnjährige Kinder hinter Panzerglas kontrollieren alte Menschen. Tag für Tag. Das fühlt sich wie eine Demütigung an, weil es eine ist. Dieser Zaun ist nicht schön, ganz und gar nicht schön. Das gibt einen Schandfleck in der Geschichte.

Auf der palästinensischen Seite ist die Mauer voller Graffiti.

Ich bin ein Berliner

I'm not a terrorist

Und wieder das überaus beliebte *Fuck Israel*.

Die Taxifahrer brüllen sich gegenseitig an, um den nächsten Kunden zu bekommen. Ich treffe eine schlechte Wahl, ich erwische einen Betrüger, der obendrein auch noch nervt. Er bringt mich zum »Laden seines Onkels«, der religiösen Kitsch verkauft.

Er bettelt mich an, etwas zu kaufen. Das Geschäft läuft so schlecht wegen der Mauer, die die Kunden abschreckt. Ich habe keine Zeit, lange zu bleiben, ich habe eine Verabredung. Ich gehe schnell bei der Geburtskirche vorbei, die sich als Enttäuschung entpuppt (weder Ochs noch Esel), ich passiere eine Mauer und laufe zu Ari.

Ich habe Angst, ein Wrack anzutreffen. Als ich ihn kennenlernte, steckte er tief im Sumpf chemischer Drogen. Jetzt strahlt er, sodass ich ihn erst gar nicht wiedererkenne. Ari hat seine Hippiemähne gegen hübsche, saubere und ordentliche Dreads eingetauscht. Gut sieht er aus. Ari ist achtundzwanzig, beendet gerade sein Biologiestudium, nach drei Jahren Militärdienst und fünf Jahren Reisen. Mexiko, USA,

Indien: Er brauchte sehr lange Ferien. Jetzt ist er angekommen. Er wohnt außerhalb der Stadt, in einem Mobilheim mit einer Frau und Pflanzen. Pflanzen sind sein Ding. Damit macht er Geschäfte, um sein Studium zu finanzieren. Er kümmert sich um die Gärten reicher Privatpersonen, er ist begabt, er verdient gut. In seinem Caravan trinken wir Tee, Neil Young singt im Hintergrund. Ari sucht Ruhe.

Die Armee hat er in keiner guten Erinnerung. »Ich denke lieber selbst, weißt du. Und die Armee ist das genaue Gegenteil. Ich musste zweimal ins Gefängnis, ich wollte nicht gehorchen.« Ich versuche, die genauen Gründe für seinen Widerstand herauszufinden. Er weicht aus, weil er sich nicht wieder mit den entsprechenden Erlebnissen konfrontieren will. Er meint lediglich, dass man eine grenzenlose Gutgläubigkeit braucht, um davon überzeugt zu sein, eine Armee könne in einer solchen Situation eine moralische Instanz darstellen.

Ari ist in einem Kibbuz aufgewachsen. Er bedauert, dass es nicht mehr so funktioniert wie früher, dass das Ideal verloren gegangen ist, dass die Menschen egoistisch geworden sind. Sein Kibbuz liegt in Sderot, unweit von Gaza. »Tagtäglich flogen die Raketen über unsere Köpfe. Die Qassam hörst du, bevor sie einschlagen. Du zählst bis zehn, und wenn du die Explosion hörst, bist du am Leben. Zum Glück zielen die von der Hamas miserabel.« Ari hat seine Koffer gepackt, er konnte dort nicht mehr leben. »Manche, wie mein Bruder, gewöhnen sich an dieses Leben. Ich bin da verrückt geworden. Deshalb mag ich die Stadt nicht, der Lärm belastet mich. Kein Wunder, dass die Israelis im Alltag hart und unhöflich sind. Wir sind ständig in Alarmbereitschaft.«

Wie man sich denken kann, ist er kein großer Fan der Regierungen, die sich in den letzten Jahren die Klinke in die Hand gegeben haben. »Die dachten, wir könnten friedlich jeder auf seiner Seite leben, wenn man eine Mauer zwischen uns baut. Das kann doch nicht funktionieren.« Ari hat arabische Freunde, und das kommt bei jungen Israelis nicht oft vor. »Dennoch bleiben sie immer die Anderen, ob du willst oder nicht, weil die Geschichte und das Misstrauen nicht zu umgehen sind, auch wenn ich das hasse. Und sie sehen es genauso.«

Ari ist ein globalisierter junger Mensch, er könnte Anspruch darauf erheben, Teil des Universellen zu sein, aber er fühlt sich dazu verdammt, *der Andere* zu sein. Er findet es anstrengend, Jude zu sein: »Das bedeutet mir nichts. Ich habe es mir nicht ausgesucht. Ich wollte woanders leben. Aber ich weiß, dass es überall auf der Welt jemanden geben wird, der mich wegen meines Namens und meines Aussehens in erster Linie als Jude ansieht. Für mich ist das beinahe ein Fluch.« Er trinkt noch einen Schluck Kräutertee. Die Neil-Young-CD ist zu Ende. Zum ersten Mal, seit ich in diesem Land bin, herrscht vollkommene Stille.

Die israelischen Höflichkeitsformen sind durchaus überraschend. Man kann zumindest festhalten, dass die Einwohner Jerusalems nicht gerade sanft miteinander umgehen. Da wird geschubst, sich nie entschuldigt, da werden alte Leute mit Stock angemeckert, weil sie zu langsam in den überfüllten Bus einsteigen, mit dem ich gerade in Yad Vashem ankomme.

Die Holocaust-Gedenkstätte liegt in idyllischer Umgebung, auf einem Hügel. Eine von Bäumen gesäumte Allee der Gerechten unter den Völkern führt zu den verschiedenen Gedenkorten. Ich betrete einen Raum, in dessen Dunkelheit unzählige kleine Lichter leuchten. Stimmen nennen die Namen, das Alter und die Nationalitäten der Kinder, die ermordet wurden, einen nach dem anderen. Anderthalb Millionen Namen. Humor als Schutz vor dem Grauen funktioniert hier nicht. Man kann über alles lachen, aber nicht zu jeder Zeit.

Das eigentliche Museum zeigt die große und die kleinen Geschichten, von der Dreyfus-Affäre über Hitlers Aufstieg bis zur Befreiung der Konzentrationslager.

Ein Foto sagt alles: Ein Soldat zielt aus allernächster Nähe auf eine Frau, die ihr Kind in den Armen hält.

Andere verstörende Bilder. Vor den Fotos, die die Mauer des Warschauer Gettos zeigen, ist es unmöglich, nicht an jene Mauer zu denken, die die Palästinenser wenige Kilometer von hier umschließt. Natürlich ist das überhaupt nicht das Gleiche. Hier wird nicht vernichtet. Aber faktisch eingesperrt. Dieser Vergleich ist sehr schmerzhaft. Für alle.

Schülergruppen quasseln unbekümmert vor sich hin, weil sie fünfzehn sind. Unbeteiligt laufen sie an dem Berg aus Schuhen von Deportierten vorbei. Am Ende des Rundgangs, vor den Bildern der Befreiung von Auschwitz, quasseln sie nicht mehr. Die Schaufelbagger, die ausgemergelte Leichen zu Dutzenden in die Massengräber schieben, haben sie zum Schweigen gebracht. Auf den Gräbern stehen Schilder: »Grab Nummer 3, ca. 5000 Personen.«

Als ich aus dem Museum trete, offenbart sich mir ein in warmes Licht getauchtes Panorama Jerusalems und des Judäischen Gebirges. Nach der Hölle das Gelobte Land.

Am Steuer eines gemieteten Hyundai fahre ich durch die Wüste. Das Radio funktioniert nicht, die einzige Musik, die ich höre, wird von den Neuronen erzeugt, die in meinem Schädel aneinanderknallen.

Mehrere bemerkenswerte Vorkommnisse in den letzten Tagen:

Ich habe im Toten Meer gebadet, und ich kann nun bestätigen, dass man darin wirklich wie ein Korken schwimmt. Das Wasser ist beinahe dickflüssig, und man sollte nicht zu lange die bläulichen Hügel des jordanischen Ufers betrachten, denn das Salz fängt schnell an zu kratzen. Das Wichtige an diesem Erlebnis ist, dass ich an der tiefsten Stelle der Welt war.

Ich bin mit der Seilbahn auf die Festung Masada gefahren, wo ich mir einen Sonnenbrand und eine Geschichtslektion geholt habe. Hier töteten sich die Juden lieber selbst, als sich den römischen Legionären auszuliefern. Den Römern, die zweitausend Jahre später den Faschismus erfinden sollten.

Ich habe einen Pass überquert, ein Atomkraftwerk aus der Nähe gesehen, darauf geachtet, keine Kamele zu überfahren, und eine Nacht in Dimona verbracht, wo es eine Woche zuvor ein Attentat gab.

Ich war in Mitzpe Ramon am Abgrund spazieren, einer Stadt, die neben einem riesigen Krater erbaut wurde und wo Steinböcke auf den Verkehrskreiseln grasen.

Ich habe das Haus von Ben-Gurion besichtigt, einem kleinen Mann mit großen Plänen. Eine Nation auf einer Idee aufzubauen. Eine Demokratie und ein Wirtschaftswunder zu schaffen, die auf kollektiven Produktionsstrukturen basieren. Ein einzigartiges Land zu bewahren, das lieber Vorwürfe als Beileidsbekundungen entgegennimmt und infolgedessen dazu verdammt ist, den ewigen Zorn seiner Feinde zu ertragen. Am Eingang des Grundstücks kann man ein Zitat lesen: »To survive, Israel must go south.« Das mache ich, ich fahre nach Süden.

Ich durchquere die Negev-Wüste, eine beinahe unberührte Gegend, ein paar mickrige Kilometer entfernt von dem wohl geschichtsträchtigsten Landstrich der Welt. Die Stille des Nichts wird ab und zu durch ein paar F-16-Tiefflieger oder Militärkolonnen gestört, denn die Negev ist ein Trainingslager im Maßstab 1 : 1 für die israelische Armee.

Ein paar Kilometer vor Eilat befindet sich ein Aussichtspunkt auf einem Felsvorsprung. Zwei Meter vor mir, hinter dem Stacheldraht, liegt Ägypten. Zwei parallel laufende Straßen im Abstand von fünfzig Metern, die sich nie treffen werden. Auf der anderen Seite der Golf von Akaba. Im Vordergrund das israelische Eilat. Dahinter Jordanien. In der Ferne Saudi-Arabien. Zum ersten Mal blicke ich auf vier Länder gleichzeitig.

Plötzlich tauchen Panzerfahrzeuge auf (das Verb »auftauchen« sorgt immer für eine gewisse Spannung in einer Erzählung, und in Verbindung mit »plötzlich« weiß man, dass man auf der Hut sein muss). Vier Soldaten klettern heraus, Waffen in der Hand. Die Soldaten sind neunzehn Jahre alt und weiblich. Hübsch. Eine von ihnen: Jessica Alba im Drillich.

Sie sagen *Shalom*, ich antworte *Hello*.

In so einer Situation kann ich nicht passiv bleiben, ich muss ein bisschen flirten. Ich schlage vor, sie zu fotografieren. Sie posieren wie neunzehnjährige Teenager, mädchenhaft und aufreizend. Vier scharfe Geschütze mit Uzis und das Rote Meer im Hintergrund. Das wird das Bild der Reise.

Jordanien, wieder ein neues Land.

Das Erste, was ich in Akaba sehe: ein McDonald's. Dann den Strand, wo Frauen in Burka Tretboot fahren. Ich weiß nicht, ob das was mit Ursache und Wirkung zu tun hat, aber im Zentrum gibt es enorm viele Stoffgeschäfte.

Fünfundneunzig Prozent der Frauen sind verschleiert.

Hundert Prozent der Männer tragen Schnurrbart.

Ich gehe weiter in die ärmeren Viertel. In den Straßen fernab vom Strand grüßen mich die Kinder mit einem *Hello* oder raten mir, »meine Schwester zu ficken«. Mehr haben sie mir nicht zu sagen. Ich setze mich kurz auf den Treppenstufen eines Lebensmittelladens in den Schatten, sofort sorgt meine Anwesenheit für Unruhe. Um mich herum hat sich ein Menschenauflauf gebildet. Die Leute beschimpfen sich gegenseitig. Auf der einen Seite die Gruppe derer, die mich willkommen heißen, auf der anderen jene, die offensichtlich meinen, dass ich hier nichts zu suchen habe.

»Das sind Dummköpfe. Die Leute hier sind dämlich und kriegen dämliche Kinder. Sie begrüßen Besucher mit einem *Fuck your sister* und wissen noch nicht mal, was sie da sagen. Sie versuchen gar nicht erst, den anderen zu verstehen. Ich bin kein Rassist. Ich habe sogar jüdische Freunde.«

Ich habe Walid von dem Tumult erzählt, und er ist wütend geworden. Er hatte mich am Strand wie ein Touristenbetrüger angesprochen, aber in Wirklichkeit hat er gar nichts zu verkaufen. Er will nur mit einem Fremden reden. Oder besser gesagt, er muss reden, er erstickt hier. Er ist viel gereist, hat eine Zeit lang in Europa gelebt und spricht gut Englisch. Er stammt aus Palästina, wie viele hier. Seine Familie ist muslimisch, aber Religion interessiert ihn nicht. Er ist Tauchlehrer, und wieder schimpft er auf die Unwissenheit, die sein Geschäft ruiniert: »Aus aller Welt kommen die Leute wegen unserer Tiefsee und schmeißen ihren Müll ins Wasser. Sie wissen nicht, was für ein Schatz das ist. Keinerlei Bildung.«

Walid hat ein Boot und etwa vierzig Jahre auf dem Buckel. Ein schöner Mann, schlecht rasiert. Er ist nicht verheiratet – er muss seinen europäischen Kundinnen gefallen, die sich nach orientalischen Erlebnissen sehnen. Er möchte keine Kinder haben, er will lieber frei sein. Er hat Hunde. Walid verharrt in der Pubertätskrise, einer typisch westlichen Neurose, die langsam auf den Rest der Welt übergreift. Er zahlt unsere Drinks, wünscht mir eine gute Fahrt und sieht mich mit einem Hauch von Neid an, als ich davongehe.

Der Taxifahrer, der mich zurück Richtung Israel bringt, schenkt mir ein kleines Metallschild in Form der jordanischen Flagge. Er gehört zur Gruppe der *Welcome*. Man hat nicht oft die Möglichkeit, zu Fuß über Grenzen zu gehen. Was schade ist, denn es steigert die Freude, wenn man ein neues Land im wahrsten Sinne des Wortes *betreten* kann.

Ich passiere den jordanischen Grenzposten, an dem eine verschleierte Beamtin mich bittet, ein paar Wörter auf Französisch zu sagen, weil sie das romantisch findet. Vor mir liegen hundert Meter No Man's Land. Ich gehe allein zwischen den Stacheldrahtzäunen entlang, mein Schritt ist etwas bemüht, ich weiß, dass man mir zuschaut. Zwei starre Soldaten beobachten mein Vorankommen. Duell in der Sonne. Das Licht des Orients blendet die Protagonisten. Die Szene erinnert an einen Gefangenenaustausch, etwas abgeschwächt durch den Sonnenhut und den Fotoapparat. Als ich zurück auf israelisches Gebiet will, fragt man mich, ob ich Jude bin. Es ist das erste Mal, dass man mich bei dem Überqueren einer Grenze nach meiner Religion fragt. In den Vereinigten Staaten erkundigte man sich nach meiner sexuellen Orientierung. Um nach Jordanien zu kommen, verlangte man Geld von mir.

Eilat ist ein Badeort, mit allem, was an Hässlichkeiten dazugehört. La Grande-Motte am Roten Meer statt in Südfrankreich. Öde Geschäfte, Wohnhäuser, die wie Ozeandampfer aussehen, Touristenrestaurants. Nicht viel los. Wohl gerade keine Saison. Alle Frauen, die mir über den Weg laufen, sehen aus wie generalüberholt. Außer einer – ganz eindeutig. Sie heißt Sharon, und der Name passt wie die Faust aufs Auge, denn sie könnte Sharon Stones Doppelgängerin sein, nur vierzig Kilo schwerer und mit schiefem Gesicht. Da hat die Faust wohl ganze Arbeit geleistet. Sharon ist unglaublich. Sie wiegt mehr als zwei Zentner und kleidet sich wie Lenny Kravitz 1994, Fransenmantel und altmodische SM-Stiefel. Sie hat ein Ferkelgesicht – anders kann man es nicht sagen. Völlig hemmungslos. Nicht so eine Dicke, die einen auf glücklich macht, indem sie übertreibt und laut redet. Nein, diese Frau strahlt pure Lebensfreude und das Ordinäre in Person aus.

Ihre Freundin Ethel ist diskreter und nicht ganz so kräftig.

Sie kommt immerhin auf achtzig Kilo und erzählt mir, dass sie dieses Jahr dreißig abgenommen hat. So jemanden nennt man eine ehemalige Fette.

Sharon ist arbeitslose Buchhalterin, Ethel arbeitet als Web-Designerin. Sie bringt gute Leistungen: Als Angestellte des Monats ihrer Firma hat sie einen Aufenthalt im Crown Plaza von Eilat gewonnen. Die beiden Dreißigjährigen haben hier ein Freundinnenwochenende gemacht. Ich habe sie an der Hotelbar getroffen, und da ich mein Auto schon abgegeben hatte, haben sie freundlicherweise vorgeschlagen, mich nach Tel Aviv zu bringen.

Es ist Nacht, und Sharon, Mutter dreier Kinder, fährt mit hundertvierzig Sachen in die Kurven, eine Hand am Steuer, weil sie mit der anderen Kekse in sich reinstopft und Joints raucht. In wenigen Stunden fahren wir durchs halbe Land. Ganz nah am Gazastreifen vorbei, wohin ich gern einen Abstecher machen würde, aber in dieser Konstellation scheint mir das schwierig. Ich muss wiederkommen.

Wir wollen Sharon bei sich absetzen, und dann wird Ethel mich nach Tel Aviv bringen. Sharon lebt in den besetzten Gebieten. So drückt sie es aus. Eine israelische Enklave im Westjordanland, hinter der Grünen Linie. Um dorthin zu gelangen, muss man Checkpoints passieren und schnell fahren, immer mit Angst im Nacken, denn die Autos werden auf dem Weg häufig mit Steinen beworfen. Erst kürzlich hat Sharons Nachbar einen Molotowcocktail abgekriegt, als er von der Arbeit nach Hause fuhr.

»Das ist Kriegsgebiet. Man sagt das zwar nicht so direkt, aber das hier ist Kriegsgebiet.«

Aber warum zieht sie dann hier ihre Kinder auf, in dieser verdammten Siedlung, wo sie doch zehn Kilometer weiter ein halbwegs ruhiges Leben führen könnte?

»Das hier ist ein schöner Ort, und die Grundstücke sind viel billiger.«

Als ich mit Ethel allein bin, führt sie die Antwort ihrer Freundin weiter aus: »Der eigentliche Grund ist ein ideologischer. Wenn sie nicht religiös sind, dann sind sie rechts. Sie wollen das Land besetzen.«

Ethel ist links. Sie ist der Meinung, dass dieses Stück Land, wo Sharon lebt, den Arabern gehört: »Das gehört uns nicht.«

Auf dem Rückweg ist sie noch angespannter als auf dem Hinweg, als Sharon gefahren ist. Sie beißt sich auf die Lippen, klammert sich ans Steuer, schaut alle sieben Sekunden in den Rückspiegel. Sie fährt wirklich zu schnell, in den Kurven geraten wir ins Schleudern.

Ich warte, bis wir wieder auf sicherem Boden sind, und frage sie dann, ob sie einen Anlass hat, optimistisch in die Zukunft zu blicken. Ethel antwortet nicht gleich. Sie schiebt ein Album von Tracy Chapman in den CD-Spieler und zündet sich eine Zigarette an: »Es muss etwas geschehen. Wir müssen dem Frieden näher kommen. Aber das habe ich auch schon vor zehn Jahren gesagt, und heute ist es noch schlimmer. *Die und wir*, das wird immer so sein. Weißt du, jeder hat in dem einen oder anderen Krieg einen Menschen verloren.«

Von Tel Aviv habe ich nichts gesehen. Ich bin frühmorgens in Jaffa aufgebrochen und den ganzen Tag über gelaufen, ohne anzuhalten, ohne etwas von den Orten wahrzunehmen, an denen ich vorbeigekommen bin. Ich versinke in negativen Gedanken, widersprüchliche Stimmungen setzen mir zu. Ich bin deprimiert und ekstatisch, erschöpft und euphorisch. Ich verarbeite eine Reise, die mich völlig umhaut, und bin wütend auf die Welt. Auf beiden Seiten habe ich ausschließlich Leute getroffen, die sich Frieden wünschen, und niemand hält ihn für möglich.

Es ist schon später Nachmittag, ich mache auf einer Mole halt. Das Mittelmeer ist ruhig. Die Naturgewalten zeigen sich milde, als wollten sie die Wunden der Erde lindern. Ein alter Mann macht es wie ich, er schaut und sinnt. Ich habe den Eindruck, dass er Tränen in den Augen hat. Ich befinde mich in einem fieberartigen Zustand, der mich zu dramatischen Hirngespinsten verleitet. Ich stelle mir vor, der Mann sei ein Auschwitz-Überlebender, der jeden Tag herkommt und sein Glück beweint, das Meer und die Sonne zu sehen. Kann sein. Kann sein, dass er einfach nur ein alter Mann ist, der frische Luft schnappt.

Ein junges, unbekümmertes Paar küsst sich.

Der Poet in mir wird wach.

O Meer, reinige diese Welt!

Sie hat es nötig.

Der Leidensweg Christi ist ein Sonntagsspaziergang verglichen mit den Hürden, die der Reisende am Flughafen von Tel Aviv überwinden muss. Ich habe genug davon, durchsucht zu werden. Den bloßen Gedanken an Sicherheit kann ich langsam nicht mehr ertragen. Der allgemeine Stress und die Paranoia haben mich letztlich angesteckt. Das geht so weit, dass ich mich frage, ob das Schild mit der jordanischen Flagge von dem Taxifahrer in Akaba nicht vielleicht Sprengstoff enthält, der über den Wolken explodiert. Dieses Land macht einen verrückt. Ich bin noch nicht weg und brenne schon darauf, wiederzukommen.

Am Gate lernen sich zwei Franzosen kennen. Ein junger Marseiller mit Kippa, strenge Erscheinung, wie ein Musterstudent. Der andere sieht aus wie ein Mediziner, ein Sechzigjähriger aus Toulouse mit weißem Haar und einer tiefen, resignierten Stimme: »Hatten Sie einen angenehmen Aufenthalt?«

»Ich lebe jetzt hier. Dieses Jahr habe ich meine Alija gemacht.«

»Ich habe dreiunddreißig Jahre in Israel gelebt. Ich bin 1967 hergekommen, kurz vor dem Sechstagekrieg. Ich muss in Ihrem Alter gewesen sein.«

»Sie sind hier also zu Hause.«

»Irgendwie ja. Aber ich bin nicht religiös. Ich glaube nicht.«

Er wartet einen Moment, dann fährt er mit einer leichten Verbitterung in der Stimme fort: »Ich bin mir nicht mehr so sicher, ob ich hier zu Hause bin. Was ich heute sehe, gefällt mir nicht. Wir haben den falschen Kurs eingeschlagen.«

Wieder eine Pause. Dann fragt er den jungen Mann.

»Und für Sie läuft es gut?«

»Es ist nicht leicht, sein Leben zu ändern, aber für mich war es wichtig, diesen Plan zu erfüllen. Mein Umzug nach Israel verschafft mir eine moralische Zufriedenheit.«

»Ich wünsche Ihnen viel Erfolg. Moralisch gesehen bin ich nicht zufrieden. Es gibt wichtige Dinge, die wir unterwegs vergessen haben. Es fällt mir schwer, das sagen zu müssen, aber ich denke, dass wir mit unserem Plan gescheitert sind.«

Madagassische Episode,
in der man Menschen untergehen sieht

Innerhalb von nicht einmal fünf Minuten auf dem Markt werden mir vier Kilo Vanille, drei Trommeln, zwei Hüte, eine Porno-DVD, Stoff, Drogen und Frauen angeboten. Eine Kinderschar wuselt als Ablenkung um mich herum, eine Hand gleitet in meine Hosentasche. Ich packe das Handgelenk und drehe mich um, um dem Taschendieb gehörig eine zu scheuern.

Ich sehe niemanden.

Ich blicke nach unten.

Mein Dieb ist fünf Jahre alt.

»Die politische Krise muss ein Ende haben.« Dieses Mantra taucht in jedem Gespräch auf. Seit dem Putsch hängt das Land in der Luft. Kaum regiert, nicht wirklich anerkannt. Die internationale Unterstützung wurde ausgesetzt, alle Projekte liegen auf Eis. Mit der Wirtschaft geht es rasant bergab, die Geschäfte schließen, und die Kinder stehlen auf den Märkten.

Madagaskar, ein hundertmal gespieltes afrikanisches Trauerspiel. Schmerzhafte Kolonisation, instabile Unabhängigkeit, ein Gauner nach dem nächsten an der Spitze des Staates, und der normale Mensch kann kaum leben. Allerdings gibt es in der derzeitigen Krise ein geniales Moment. Der neue Präsident war der Schwiegersohn des vorherigen.

Shakespeare hätte die Geschichte schreiben können. Der Präsident war früher auch DJ. Das hätte Shakespeare niemals gewagt. Es wäre nicht glaubhaft gewesen.

Die laufende Verschwendung ist umso bedauerlicher, als sie ein ressourcenreiches Land und eine Stadt mit einem himmlischen Namen auslaugt. Antananarivo. Niemand spricht den ganzen Namen aus – man sagt Tana. Poetische Verschwendung. Lautlich gesehen ist Antananarivo die schönste Stadt der Welt. Ein Titel, den ihr Tegucigalpa und Ouagadougou streitig machen, und – in geringerem Maße – Bandar Seri Begawan. Einige meinen, man könnte auch Ulan-Bator in diese Liste aufnehmen. Durchaus nachvollziehbar.

Madagaskar ist ein Wunder der Natur. Die Insellage hat es zu einer einzigartigen Welt gemacht, von einer Schönheit, die nicht spurlos an einem vorbeigeht. Eine touristische Goldmine. Es fehlt nur an Infrastruktur und ein wenig an Stabilität. Die Besucherströme konzentrieren sich auf den Norden der Insel, um Diego Suarez herum, dort, wo die Strände paradiesisch, das Meer smaragdgrün, die Frauen günstig zu haben sind.

Fort Dauphin, Taolanaro, Faradofay, Tola und noch einige andere, in allen erdenklichen Schreibweisen. Diese Stadt hat ein knappes Dutzend Namen. Hier gibt es eine Touristeninformation, Hotels und keine Touristen.

Ich bin der einzige Gast im Hotel Petit Bonheur. Der Wärter trägt eine neongelbe Weste und einen Schlagstock, um ganz deutlich zu machen, dass er für die Sicherheit zuständig ist. Festor schenkt mir sein schönstes Lächeln. Er hat einen Zahn, wenn ich richtig gezählt habe.

»Hast du 'ne Zigarette, Chef?«

»Ich bin nicht dein Chef, Festor.«

Jeden Tag gebe ich ihm die Zigarette. Und jeden Tag antwortet Festor: »Danke, Chef.«

Jeden Tag esse ich in diesem leeren Restaurant, mit einem Gefühl, als würde ich sanft dahintreiben. Als Schiffbrüchiger des Tourismus, mit Blick auf den kahlen Strand, wiegt mich das Rauschen der Wellen in meinem Alleinsein. Wir sind an der Südspitze der Insel. Wenn man immer weiter geradeaus geht, kommt man zur Antarktis. Hier ist es andauernd schwül. Das Holz der Häuser quillt auf, die Kleidung trocknet nie, die Fäulnis droht.

Fort Dauphin erstreckt sich entlang einer holperigen, von Buden gesäumten Straße. Hier kann man Haushaltswaren kaufen, sich die neuesten DVDs von Van Damme oder die Fußballspiele des letzten Jahres brennen lassen, so schnell wie 1996 im Internet surfen oder einen Nescafé in einer Bruchbude trinken, deren Wände religiöse Kalender und Kondomwerbungen zieren. In der Apotheke bekommt man Aspirin, das dreimal so teuer wie in Frankreich und somit für die meisten Menschen unerschwinglich ist. Der grausame Mechanismus des Gesetzes von Angebot und Nachfrage. Der Preis für die Linderung steigt mit der Stärke des Schmerzes.

»Ich habe Kopfweh, Chef.«

»Festor, hör auf, mich so zu nennen.«

»Okay, aber ich habe Kopfweh, hast du ein Medikament für mich?«

Festor ist ein schlechter Schauspieler. Ich gebe ihm einen Tablettenstreifen Paracetamol, und das ist keine gute

Tat, denn er wird es wahrscheinlich auf dem Schwarzmarkt weiterverkaufen. Er lächelt, zeigt dabei stolz seinen ganzen Zahn und kann es sich nicht verkneifen: »Danke, Chef.«

Der echte Chef in Fort Dauphin ist QMM. Eine angelsächsische Bergbaugesellschaft, die Ilmenit abbaut, ein Mineral, das bei der Herstellung von Malfarben verwendet wird. Eine Investition von einer Milliarde Dollar, QMM hat viel gebaut. Eine Förderfabrik, einen brandneuen Frachthafen und Straßen vom Hafen zur Fabrik. Eine Privatklinik. Ein Kulturzentrum, das die Öffentlichkeitsarbeit des Unternehmens organisiert. Siedlungen für die Angestellten, hauptsächlich Auswanderer. Reihenweise identische Häuser, eine nordamerikanische Vorstadt mitten in der Pampa, die die Einheimischen »Guantanamo« nennen. Eine Minderheit profitiert vom Segen des Bergbaus. Der Durchschnittseinwohner hat sich damit abgefunden, dass die Preise steigen. Der bestimmende Einfluss von QMM in Fort Dauphin ist nicht zu übersehen. Die herumfahrenden Geländewagen der Sicherheitsfirma, eines Tochterunternehmens des multinationalen Konzerns, erinnern ständig daran.

Die im Hafen geltenden Sicherheitsbestimmungen sind grotesk. Zwei Stunden für einen Stempel als Genehmigung dafür, dass man einen Helm tragen und somit zum ersten von vier Checkpoints gehen darf, die zum Schiff führen. Angelsächsische Paranoia umgesetzt durch afrikanische Bürokratie: Das Ergebnis würde Kafka zum Heulen bringen. Dieses absurde Spiel ist unumgänglich, die Versicherungen bestimmen die Abläufe bis in den hintersten Winkel der Welt. Als könnte man Unwägbarkeiten ausschalten.

Man muss sich festhalten, um nicht über Bord zu gehen. Das Schlauchboot ist schnell und der Seegang stark, man hat das Gefühl, über die Wellenkämme zu fliegen, bevor man mit voller Wucht wieder aufs Wasser prallt. Die Überfahrt dauert eine gute Stunde, so lange braucht man, um zwei grüne Buchten zu durchqueren, die von wolkengekrönten Bergen bewacht werden.

Als wir im Forschungsgebiet ankommen, schlüpfen die Taucher in ihre Anzüge. Sie sind zu dritt. Der Teamleiter heißt Rodolphe, ein Bretone, dessen tiefblaue Augen aus einem weißen Bart strahlen. Sechsundsechzig Jahre alt, davon etwa fünfzig unter Wasser. Rodolphe und seine Mitstreiter wollen Proben von Unterwasserlebewesen für eine Expedition von Naturforschern sammeln. Die Wissenschaftler hoffen auf die Entdeckung von neuen Arten in diesem wenig erforschten Teil des Meeres. Ich sollte mit ihnen zusammen tauchen, um meine Reportage möglichst nahe am Geschehen schreiben zu können. Rodolphe verzieht das Gesicht. Die Bedingungen sind schlecht. Schwierig für die Profis, nicht zu empfehlen für einen Hobbytaucher. Die drei Froschmänner stürzen sich mit ihrer Ausrüstung und ohne mich in den Ozean.

Ich bleibe mit Joël, dem Steuermann, an Bord zurück. Wir liegen hundert Meter von der Küste entfernt vor Anker, wo die Wellen gegen die Felsen donnern. Joël ist ein weißer Madagasse, dessen Familie seit drei Generationen in Fort Dauphin lebt. Seit zwanzig Jahren widersetzt er sich QMM, also von Anfang an. Er erklärt: »Ich kämpfe nicht gegen sie. Ich kämpfe für ein ausgewogenes Abkommen.« Er hat den leoninischen Vertrag zwischen Unternehmen und Staat unter die Lupe genommen, »was kein Politiker getan hat«, und die strittigen Punkte verglichen, die es QMM ermöglichen, den größten Nutzen aus dem Vertrag zu ziehen. Weder Ideologe noch Gerechtigkeitskämpfer. Nur einer, der nicht einsieht, dass ein multinationaler Konzern bloß zwei Prozent Steuern zahlt, wenn er doch die Ressourcen seines Landes ausbeutet. Er hat Petitionen verfasst, Briefe geschrieben, die französische Presse als Zeugen bemüht. Einige Auseinandersetzungen, wie die um den Hafenstandort, hat er gewonnen. Doch die Kräfteverhältnisse sind zu unausgeglichen, David gegen Goliath. Auch ich habe einen höchst gefährlichen Feind entdeckt, die Seekrankheit, die mir den Magen umdreht, mein Gehirn betäubt und den Horizont kreisen lässt.

Die Taucher kommen wieder hoch. Weit weg vom Boot. Der Seegang hat sie ein paar Hundert Meter weit abgetrieben, wir müssen sie dort wieder aufnehmen. Wir haben keine Zeit, den Anker einzuholen. Joël befestigt eine Boje daran und lässt ihn zurück, wir werden ihn später einholen. Er will den Motor starten. Der Motor reagiert nicht. Neuer Versuch. Wieder nichts. Die Taucher treiben weiter ab, werden von der Strömung aufs offene Meer gezogen. Das Boot, ohne Anker, bewegt sich in die Gegenrichtung, zu den Felsen hin, wo sich die Brandung tosend bricht. Wir haben keine Möglichkeit mehr, unsere Position beizubehalten. Ich habe keine Ahnung vom Meer, aber ich denke, es wird schwer, da wieder heil herauszukommen, wenn uns die Brandung erst einmal gepackt hat. Joël, der das Meer kennt, schreit mir zu: »Paddle. Paddle! Schnell.«

Ich gehorche bereitwillig, denn alles in allem hat das Leben doch auch seine guten Seiten. Ich lege mich mächtig ins Zeug, wodurch das Schlauchboot seine Position hält, zehn Meter vom Point of no Return entfernt. Joël schafft es immer noch nicht, den Motor anzuwerfen.

Sekunden vergehen.

Minuten.

Nicht an die Krämpfe denken, die sich langsam bemerkbar machen. Als ich fünf Sekunden lang zu paddeln aufhöre, verlieren wir einen Meter. Ich ziehe wieder in den Kampf, sitze rittlings auf den nassen Wülsten des Schlauchboots, und im Eifer des Gefechts kippe ich nach hinten, in die wütenden Wogen des Indischen Ozeans. Unter der Wasseroberfläche schwimmt friedlich eine Schildkröte. Unsere Blicke kreuzen sich, ich habe keine Zeit, ihre Bekanntschaft zu machen. Ohne Leiter und bei Wellengang wieder in ein Schlauchboot zu klettern, ist nicht leicht. Das habe ich früher schon mal versucht, das kann eine Weile dauern. Drei Sekunden nach meinem Sturz bin ich wieder an Bord, mit dem Paddel in der Hand. Ich habe nicht mitbekommen, wie ich es wieder ins Boot geschafft habe. Mein Gehirn hat nichts entschieden, das Adrenalin hat meine Bewegungen gesteuert.

Die Felsen sind näher gekommen.

Während ich mich an der Schwelle des Todes lächerlich gemacht habe, ist Rodolphe ein Wettschwimmen gegen die Strömung eingegangen, um zu uns zu gelangen. Wir haben den Blickkontakt mit den anderen verloren. Nach minutenlanger Anstrengung schafft er es bis zum Boot. Der Sechzigjährige klettert hinein wie ein junger Hüpfer. Nimmt die Dinge in die Hand. Flucht ein paarmal. Tüftelt am Benzinhahn herum. Startet den Motor. Die Felsen, die uns eben noch verschlingen wollten, entfernen sich. Zwei unserer Männer sind noch auf dem offenen Meer.

Ich sitze am Bug, Sonne und Wind trocknen meine Kleidung. Mit gedrosselter Geschwindigkeit fahren wir in den Hafen zurück. Auf dem Hinweg haben wir uns nicht die Zeit genommen, die Landschaft in jedem Augenblick auf uns wirken zu lassen.

Alle sind da. Joël hat letztlich zwei kleine Schwimmer ausgemacht, die durch den Seegang auf und ab hüpften; wir haben ihr Abdriften in Richtung Antarktis gestoppt. Herrje, sage ich mir, das Leben hängt tatsächlich an einem seidenen Faden, und blicke zu dem Opa, der uns aus der Patsche geholfen hat.

Ein Schwarm Delfine schwimmt neben uns her. Sie begleiten uns minutenlang. Niemand spricht, jeder genießt sein eigenes bescheidenes Glücksgefühl. Es ist zehn Uhr morgens. Das wird ein schöner Tag.

Eine lebende Ziege ist in unbequemer Position auf dem Busdach festgebunden. Auf der vorderen Windschutzscheibe, üblicherweise der Ort für religiöse Aphorismen, deren schützende Wirkung noch bewiesen werden muss, ist folgender Schriftzug in riesigen goldenen Lettern zu lesen: WILLIAM GALLAS. Das Fahrzeug ist alt und klapprig, das versteht sich von selbst, wir halten des Öfteren am Rand der Sisalfelder, um unter den Blicken von höckerigen Paarhufern die Muttern etwas anzuziehen.

»Als mein Großvater gestorben ist, da haben wir neunzig Zebus getötet.«

Eine solche Aussage, vollkommen unangebracht und damit Ausdruck der unterschiedlichen Lebensformen, ist allein schon eine Reise wert. Der Fahrer wirft mir seinen genialen Satz an den Kopf, damit ich ihn ernst nehme. Er möchte mir zu verstehen geben, dass er nicht irgendwer ist. Dem stimme ich gern zu. Beim Tod meines Großvaters wurde nicht ein einziges Zebu getötet.

Die Pisten im Süden Madagaskars sind gesäumt von Mausoleen. Große, von Viehschädeln eingezäunte Gelände, in deren Mitte Denkmäler aufragen, die nach dem Geschmack des Verstorbenen geschmückt sind, mit Flugzeugskulpturen oder Fresken, die Alltagsszenen darstellen. Art brut auf Gräbern. Das Vermögen einer Familie kann für eine Beerdigung draufgehen. Die Toten wohnen hier besser als die Lebenden.

Androy ist die ärmste Region des Landes. Das seinerseits wiederum eines der ärmsten Länder der Welt ist. Alles ist trocken. Sandige Erde, Kakteen und Vieh. Fernab von allem. Bis zum nächsten Ort dauert es eine Tagesfahrt in einem Geländewagen, und niemand hier hat einen Geländewagen. Tana liegt auf einem anderen Planeten.

Lavanono liegt inmitten dieser Westernkulisse, im Land der Dornenranken. Um dorthin zu gelangen, muss man eine gefährliche Piste nehmen, die an der Steilküste hinunter bis zum Meer führt. Der Name dieses Fischerdorfes kann mit »lange Brüste« übersetzt werden. Trügerisches Bild von Üppigkcit. Die Region wird durch das Welternährungsprogramm unterstützt; stets lauert das Schreckgespenst einer Hungersnot. In schweren Zeiten isst man Kakteen. Man lebt direkt am Meer und leidet unter der Trockenheit. Die von einer japanischen NGO gebaute Pipeline leitet das Wasser von einem weit entfernten Fluss hierher. Um die Pumpen zu betreiben, braucht man Kraftstoff. Den sich häufig die Verantwortlichen vor Ort unter den Nagel reißen. Also läuft man ins vierzig Kilometer entfernte Beloha und transportiert Wassertanks mithilfe von Zebukarren.

Das Expeditionsteam bleibt für mehrere Wochen in Lavanono. Ich bin hier, um über die Arbeit von etwa zwanzig internationalen Forschern zu berichten, die die Artenvielfalt des Meeres untersuchen. Jeden Tag brechen die Teams an den Strand, auf das Meer oder in das Meer auf, um Proben zu nehmen. Weit draußen erkundet ein mit Technik vollgepacktes Forschungsschiff den Meeresboden. Millionen von Euro für diesen logistischen Zirkus, der krasse Gegensatz zum Elend dieses Fleckchens Erde, wo nichts einfach ist.

Das Team ist in den Häuschen einer Öko-Lodge untergebracht, die ein Franzose vermietet, der sich hier eine Existenz aufgebaut hat. Normalerweise wohnen bei ihm motivierte Surfer, die ohne Bedenken zwei Tage lang chaotische Pisten in Kauf nehmen, um sich anschließend mit den Wellen zu messen. Er hat nicht jeden Monat Kunden.

Außerhalb des Dorfes wurde aus Brettern ein kleines Labor aufgebaut. Das ist mein Büro, im wahrsten Sinne ein Open Space, mit Blick auf den Ozean. Dort versuche ich das Kauderwelsch der Forscher zu entschlüsseln, doch ihre geistreichen Bemerkungen bezüglich der Nacktkiemer verstehe ich nur selten. Meeresbiologie steht für ein esoterisches Milieu, fast eine Freimaurerloge. Ich meine, ich hätte eine echte Kluft zwischen Malakologen und Ichthyologen wahrgenommen. Von den Phykologen und ihren Algen ganz zu schweigen, alle sind sich einig, dass diese Leute anders sind als wir.

Das Dorf ist in heller Aufregung. Auf dem Platz soll eine Feier stattfinden, um die Ankunft der Expeditionstruppe offiziell zu würdigen. Vorab gab es zahlreiche Verhandlungen, die Forscher müssen einige Geschenke als Gewerbesteuer überreichen. Reissäcke, Kästen mit Cola und Bier, ein Fass Toka Gasy, der lokale Fusel, der die Neuronen eines jeden Leichtsinnigen zerstört, der es wagt, seine Lippen damit zu befeuchten. Und ein Zebu.

Das Zebu ist hier mehr als nur ein Tier. In diesen Regionen ohne jedes Banksystem ist Vieh gleich Kapital.

Das Tier weiß nicht, was es erwartet. Es ist auf dem Platz angebunden, schnüffelt so skeptisch an den Colakästen, dass man meinen könnte, es mit einem antiimperialistischen Wiederkäuer zu tun zu haben. Ein Knüppelschlag. Das Zebu rennt los, die Menge folgt ihm. Sie umzingelt das Tier am Strand, Gesänge geben Takt und Tempo an. Die jungen Leute beweisen ihren Mut, indem sie das Tier am Hals packen und es auf den Boden drücken. Volksfeststimmung, wie in Pamplona. Weil das Zebu gemerkt hat, dass die Situation brenzlig wird, hat es sich vollgeschissen. Nach dem Schreck ist es jetzt erschöpft, außer Atem und schicksalsergeben. Der Dorfrat versammelt sich im Schatten eines Baumes, um mit den Geistern zu verhandeln. Ein Alter spricht die Gebete, er holt Vertreter der Expedition dazu, die beim Ritual höflich mitmachen.

Das Zebu nutzt die Unaufmerksamkeit der Menschen aus,

springt auf und versucht zu fliehen. Es wird mit Schnüren zusammengebunden. Fällt um. Die Hufe werden gefesselt. Es bewegt sich weiter. Die Männer schlagen seinen Kopf auf den Boden, im Rhythmus der nun erneut erklingenden Gesänge. Der Blick des Zebus irrt umher. Eine australische Biologin wendet ihren mit einem empörten »Oh my God« ab. Die überdrehten Jugendlichen streiten um das Recht, dem Vieh die Kehle durchzuschneiden. Eine Klinge. Ein Sprudeln. Blut spritzt auf meine Kamera. Zischende Geräusche der durchtrennten Luftröhre. Das letzte Röcheln des Tieres vermischt sich mit den Freudenschreien der Menschen.

Die Fleischstücke werden unter den Familien aufgeteilt, gemäß einer mit viel Palaver festgelegten Reihenfolge. Die Weißen erhalten ein Filet. Das Blut des Zebus besiegelt den Pakt zwischen dem Dorf und der Expedition. Damit sind wir hier aufgenommen.

»Wenn Sie Frauen für Sex suchen, dann sind Sie bei mir an der richtigen Adresse.«

Mit diesen Worten heißt mich ein großer Kerl mit Raubtierlächeln und alkoholgeschwängertem Atem willkommen, der sich als Polizeichef des Bezirks entpuppt. Er thront an der Bar, ein staatlich geprüfter Zuhälter, der für sich allein schon den Begriff Korruption verkörpert.

Für die Tanzveranstaltung nach dem Opfer wurde eine Band aus Beloha engagiert. Einen Tag und eine Nacht lang spielt das Trio mit Gitarre, Bass und Schlagzeug in Sandalen Tsapika, einen ultramonotonen Groove ohne Ende, der sich in tranceartigen Schüben entlädt. Die Familien liefern sich einen Tanz-Battle. Auf-der-Stelle-Treten mit ausgestrecktem

Hintern, jeder einzelne Muskel vibriert im Halbdunkel. Die kleinen Kinder zappeln schon gekonnt mit, man kann davon ausgehen, dass sie das Rhythmusgefühl durch den wiegenden Gang der Mütter mitbekommen, sobald diese sie auf dem Rücken herumtragen. Zwei Männer kriechen im Sand herum, Kollateralschaden des Toka Gasy und des Biers, das hier billiger als Wasser ist.

Die Musik bricht plötzlich ab, man hört das grässliche Brummen des Generators, und der Gitarrist verkündet: »Und nun ist es an der Zeit, dass die Vazaha auf die Tanzfläche gehen.«

Die Vazaha, das sind wir.

Ich wende mich meinen Forscherfreunden zu: »Schön. Jetzt müssen wir zeigen, dass die Weißen nicht tanzen können.«

Aber ich rede ins Leere. Meine lieben Forscher haben heimlich das Schlachtfeld verlassen und sich hinter die Bar geflüchtet. Die Menge wartet. Beim heiligen James Brown: Es kommt nicht infrage, dass ich auf einem Dancefloor kneife, mag er auch voller Staub sein. Ich betrete also die Bühne und wackele in einem Kreis aus zweihundert Madagassen mit dem Hintern, Stirnlampe auf dem Kopf und Zebublut auf dem Hemd. Diesen Platz würde ich nicht gegen eine Magnumflasche Roederer au Baron eintauschen. Mein Freund, der Polizist, weiß meine Bemühungen zu würdigen und kommt dazu, sodass wir zusammen tanzen. Er setzt mir seine Mütze auf. Ich denke, nun gehöre ich dazu.

Ich schlafe in einer Holzhütte mitten im Dorf, jeden Tag weckt mich der Lärm der Ziegen. Morgenritual: Ich laufe einmal durch Lavanono mit einer Schar von Kindern im Schlepptau, die nicht einsehen wollen, dass ich keine Bonbons mehr zu verschenken habe. Ehe ich mich ins Labor begebe, gehe ich am Strand vorbei, wo die Fischer sich anschicken, aufs Meer rauszufahren. Dort liegt fast der gesamte Reichtum der Dorfgemeinschaft, in einem Durcheinander von Pirogen. Diesen Leuten fehlt es an allem, doch die proteinreiche Nahrung aus dem Meer garantiert ihnen eine angemessene Lebenserwartung, erklärt mir Berthin, ein madagassischer Biologe der Expedition.

George macht seine Netze fertig. Er hat lockere Zähne und eine riesige Zyste auf der Stirn, so groß wie ein Ei. Er hofft, einen Hai zu fangen, solange es noch welche gibt, um ihn auf dem Markt in Beloha zu verkaufen. Seine Frauen sammeln auf den Brandungsplattformen Austern und Muscheln. Sie können ihre acht Kinder so lange ernähren, wie der Ozean ihnen Nahrung schenkt. Etwas Süßwasser wäre allerdings nicht schlecht, um Maniok und Sorgho anzubauen. George schüttelt den Kopf und zeigt mit dem Finger auf eine Hecke trockener Büsche: »Seit vier Jahren hat es nicht geregnet.«

Als ich diesen Satz aufschreibe, zerplatzt ein vom Himmel gefallener Wassertropfen auf meinem Heft.

»Siehste, von hier an werden wir keine Schildkröten mehr zu Gesicht bekommen.«

Berthin hält seinen Vortrag beim Fahren. Er ist um die fünfzig, raucht eine Zigarette nach der anderen, und die heitere Gelassenheit in seiner Stimme wirkt ansteckend. Bei Schildkröten ist er nicht zu bremsen, die sind sein Spezialgebiet. In dieser Gegend haben sie ihre Ruhe, sie zu essen ist verboten. Das ist eines der vielen *fady* – Tabus, die das tägliche Leben bestimmen. Wir kommen in einem Dorf an, wo Schildkrötenfleisch legal ist, und man lässt es sich nicht nehmen, dieses in den Topf zu schmeißen. So können Feindschaften zwischen einzelnen Bezirken entstehen. Wenn auf dem Markt von Beloha rumgeschrien wird, dann hagelt es schon mal erniedrigende Beleidigungen wie »Scheißschildkrötenfresser«. Das amüsiert Berthin, dessen zwei große Leidenschaften Manchester United und der Einfluss kultureller Strukturen auf die Umwelt sind.

Die Sache mit den *fady* ist kompliziert. Es kann sein, dass man in einem Dorf ankommt und einen Brauch verletzt, weil man ein rotes T-Shirt trägt. Einige Orte sind heilig, und kein Schild weist darauf hin.

»Manchmal ist die linke Seite eines Weges *fady*, die rechte aber nicht. Wenn du pissen musst und nicht sicher bist, tu es am besten mitten auf der Straße. Ansonsten kann es sein, dass du ein Stück Erde entweihst.«

Der Pick-up macht einen Luftsprung, ich stoße mir den Kopf am Fenster, die Piste ist vollkommen zerfurcht. Ich reibe meine Beule und frage mich, welches verdammte *fady* es verbietet, die Straßen zu reparieren.

Wir laden das Material am Wasser ab. Die Ausrüstung ist schwer: Sauerstoffflaschen, Anzüge, Unterwasser-Sauggerät (im Fachjargon Sauger genannt), Kameras usw. Unser Ausladen bleibt nicht unbemerkt. In wenigen Minuten stehen etwa fünfzig Personen um uns herum. Vor allem Frauen und Kinder, die Männer sind auf hoher See. Sie schauen uns wie merkwürdige Tiere an, wagen es nicht, näher zu kommen. Die *Andréa* – so heißt das Forschungsschiff – liegt in der Bucht vor Anker. Sie muss ein Schlauchboot schicken, um zwei Taucher und ihre Ausrüstung abzuholen. Die Beschaffenheit des Strandes macht es unmöglich, hier anzulegen, man muss zu einer kleinen, zwei Kilometer entfernten, geschützten Bucht laufen. Beladen wie Packesel brechen wir auf, und die Menge folgt uns. Die Dorfbewohner wollen unser Material tragen.

In Lavanono beschäftigt die Expedition Angestellte zu einem Tageslohn für einfache Arbeiten. So kommt ein bisschen Cash ins Dorf. Aber die Vorstellung, dass Frauen und Kinder mein Gepäck tragen, behagt mir nicht wirklich. *Tim im Kongo*, nicht gerade berauschend. Ich versuche, mit Berthins Hilfe Ordnung in das Chaos zu bringen. Okay, sie können unsere Sachen tragen, aber nicht die alten Frauen und die Kleinen. Die betroffenen Frauen regen sich auf. Sie haben ihr Leben lang Wasserbehälter auf dem Kopf herumgeschleppt. Ein paar Kartons jagen ihnen da keine Angst ein. Die Kinder wiederum kloppen sich, weil sie alle Träger spielen wollen. Soll ich Leuten, die mich darum bitten, keine Arbeit geben, um mein antikolonialistisches Gewissen zu beruhigen? Nein, ich denke nicht. Dann würde ich Ideologie dem gesunden Menschenverstand vorziehen. Die Kolonne setzt sich in Bewegung, und die Kinder singen mehrstimmig *Il était un petit navire*, eine seltsame musikalische Spätfolge des französischen Einflusses.

Das Beladen und die Abfahrt des Schlauchboots zur *Andréa* faszinieren die Menge. Eine Frau fragt Berthin, ob das kleine Boot das Baby des großen sei.

»Sie hat so etwas noch nie gesehen, sie glaubt, das seien

Lebewesen. Als ich das erste Mal mit den Tauchern herkam, machten sich die Leute Sorgen, weil sie auch nach mehreren Minuten immer noch nicht aus dem Wasser aufgetaucht waren. Wie du siehst, ist ihr Weltbild doch recht weit von unserem entfernt. Sie leben so isoliert ...«

Der kulturelle Graben zwischen dem Dorfbewohner und dem Wissenschaftler gleicher Nationalität ist weitaus größer als zwischen dem Wissenschaftler und dem Journalisten, zwischen denen bereits eine Hemisphäre liegt.

Der Nachmittag neigt sich dem Ende zu, und wir sind patschnass. Der eine Regentropfen hat sich in einen kräftigen Schauer verwandelt. Das ist eine gute Nachricht. Die Landschaft wird ergrünen, Essbares wird wachsen, und die Zebus werden an Gewicht zulegen. Doch Berthin wird nervös. Der Regen hat wahrscheinlich die Straße ruiniert. Wir dürfen nicht im Schlamm stecken bleiben, die Nächte sind nicht sicher. Die traditionellen Viehdiebe haben auf Straßenraub umgesattelt. Sie hausen versteckt im Dickicht und überfallen die wenigen Autos, die nach Einbruch der Dunkelheit vorbeikommen, stellt Berthin klar: »Ich mach keine Witze, verstanden? Wir müssen wirklich vor Sonnenuntergang zurück sein.«

Ein echter Western.

Philippe Boulet zieht Ärger förmlich an. Er ist der Expeditionsleiter, auf seinen Schultern lastet eine Menge Stress. Alle zwei Tage kommt mein Freund, der Polizist, zu Besuch, auch wenn dieser sich kaum um die Erhaltung der Artenvielfalt schert. Er langweilt sich, also schaut er vorbei, sorgt für ein paar bürokratische Scherereien, verspricht, das wieder in Ordnung zu bringen, und staubt dafür ein Bakschisch ab.

Heute fällt das Sammeln von Proben aus, das Labor ist überschwemmt. Wolkenbrüche und Windböen zerren an den empfindlichen Behausungen. Es tobt ein echter Sturm über Lavanono.

Die Fischer sind wie jeden Morgen hinaus aufs Meer gefahren. Sie sind gute Seefahrer. Doch vor dem Regen muss man sich vorsehen. In so einem trockenen Land ist man Unwetter nicht gewohnt. Die Medien haben den Sturm nicht angekündigt, weil es keine Medien gibt. Die Behörden hätten eine Warnung rausgeben können. Doch die Behörden versaufen das Bakschisch, sie können nicht alles auf einmal erledigen.

Bei der Kontrolle fehlen sechs Pirogen. Die achtzehn Personen an Bord sind nicht zurückgekommen. Weil die Unruhe im Dorf ansteigt, beschließt der Polizist, einzugreifen. Er beschlagnahmt Treibstoff bei der Expeditionsleitung, um die Küste abzusuchen, falls die Fischer durch den Sturm abgetrieben und an einer weiter entfernten Stelle gestrandet sind. Da man sich einem Antrag in Uniform und mit Waffe nicht widersetzt, fügt sich der Expeditionsleiter.

Philippe Boulet ist ein rundlicher Mann, mit Bart und leicht ergrautem Haar. Auf kurzen Beinen trägt er seine Körperfülle spazieren, so erweckt er den Eindruck von Gutmütigkeit. Er besitzt einen honigsüßen Charme und die Umgangsformen eines netten Landpfarrers von früher, der die Arme weit ausbreitet, um seine Gesprächspartner in Empfang zu nehmen. Prof. Boulet ist ein großer Wissenschaftler, einer der weltweit besten Spezialisten für Weichtiere. Ein brillanter Geist und ein Workaholic, der gewissenhaft den Weg zu seinen beruflichen Zielen verfolgt. Ihn spornt der rachsüchtige Ehrgeiz jener Menschen an, die in der Pause »Fettsack« genannt wurden, diese kalte Entschlossenheit derjenigen, über dessen winzigen Penis man sich in der Dusche beim Militärdienst lustig gemacht hat. Als kleiner Uni-Tyrann schreckt er nicht davor zurück, seine Mitarbeiter zur Schnecke zu machen. Er ist ein hohes Tier in der Biologie, beherrscht mit seinen Wurstfingerchen die Klaviatur der Evolution und praktiziert hemmungslos Darwin auf der Führungsebene. Ein Intellektueller, wie es sie zuhauf gibt, Gott in seinem Labor. Intelligenz, Hartnäckigkeit, absolute Skrupellosigkeit – er besitzt sämtliche Attribute eines Machtmenschen. Wäre seine Ausstrahlung nur etwas stärker als die der von ihm untersuchten Wellhornschnecke gewesen, so hätte der Professor Karriere in der Politik machen können.

Weil es immer noch nichts Neues von den Fischern gibt, bittet eine Delegation der Dorfbewohner um Hilfe. Draußen auf hoher See dreht die *Andréa* in dem Gebiet ihre Runden, wo die Boote verschwunden sind. An Land haben wir Satellitentelefone, mit denen wir das Schiff benachrichtigen könnten. Ein Anruf, und die Seeleute könnten sich auf die Suche nach den Schiffbrüchigen machen oder zumindest nach den nicht besonders stabilen Pirogen Ausschau halten.

Das Ersuchen wird dem Professor während des Essens unterbreitet. Etwa fünfzehn Forscher speisen an einem wackligen Tisch. Philippe Boulet wischt das Ansinnen beiseite.

»Das ist nicht unsere Aufgabe.«

Die plötzliche Stille drückt schwer auf die Stimmung. Die Anwesenden schlucken. Das Gespräch dreht sich wieder um die Phylogenese der Meeresschwämme. Eine Minute verstreicht langsam, dann hakt ein junger Techniker des Teams nach. Valentin, bis jetzt unauffällig, der Jüngste der Expedition. Er wiederholt die Bitte der Dorfbewohner: »Es geht doch nur um einen Anruf.«

Erneute gereizte Ablehnung des Chefs: »Ich wiederhole: Es ist nicht unsere Aufgabe, Boote zu suchen. Wir haben schon vierzig Liter Benzin beigesteuert.«

»Aber hast du denn nicht kapiert, dass auf diesen Booten Leute sind?«

»Doch, das weiß ich sehr wohl. Das weiß ich seit heute Morgen. Halt jetzt den Mund!«

»Hör mal, es kostet doch nichts, Bescheid zu sagen. Nur das Schiff informieren, dass dort Menschenleben in Gefahr sind.«

»Nein, wir haben sowieso keine Chance, diese Boote je wiederzufinden.«

»Woher willst du das denn wissen?«

Die Wut lässt das Gesicht des Chefs anschwellen. Seine Nasenlöcher weiten sich. Er ist außer sich, dass es jemand wagt, ihm die Stirn zu bieten.

»Du hast keine Ahnung vom Meer. Du hast zu viele Filme gesehen. Jetzt hältst du deine Klappe. Ich treffe hier die Entscheidungen.«

In Wahrheit – und das ist die erbärmliche Wahrheit – will diese gelehrte Kröte nicht einen Forschungstag an seinen geliebten Weichtieren opfern, um stattdessen zu versuchen, das Leben eines guten Dutzends armer, schwarzer Analphabeten zu retten.

Man kann ihn verstehen: Er muss ein Budget einhalten, seinen Förderern Ergebnisse präsentieren – zu welchen unter anderen ein multinationaler Konzern zählt, der für seine exorbitanten Gewinne und seine verheerenden Ölpesten bekannt ist.

Am Tisch sind alle Blicke starr auf die Teller gesenkt. Da sitzen Beamte aus der Wissenschaft, die so in Regeln erstarrt sind, dass sie unmöglich eine Autorität anfechten können, da sitzen madagassische Studenten, denen die Hierarchie das Wort verbietet, da sitzen alte Seebären, deren Schweigen scheinbar Weisheit und Erfahrung verbirgt, die sich letztlich jedoch einfach als feige erweisen.

Niemand muckt auf. Niemand.

Eine Minute Schweigen. Valentin macht den Mund auf: »Machen wir jetzt diesen Anruf oder ...«

»Du gehst mir auf den Wecker. Du bist gefeuert.«

»Wir machen jetzt diesen Anruf, oder ich haue ab.«

»Sehr schön, dann hau doch ab!«

Am nächsten Morgen ist Valentin immer noch da. Boulet braucht seine Fachkenntnisse. Er hat ihn in der Nacht zurückgeholt, als er gerade seine Koffer packte, mit einer plumpen Mischung aus Schmeicheleien und Drohungen, wie ein zweitklassiger Machiavelli. Nach stundenlangen Verhandlungen hat Valentin eingewilligt zu bleiben, als der Chef sich schließlich dazu herabgelassen hatte, eine Nachricht an die *Andréa* senden zu lassen. Über zwölf Stunden nach dem ersten Hilferuf der Dorfbewohner. Die Nachricht wird zwölf Stunden später ankommen. Vierundzwanzig Stunden, in denen achtzehn Menschen dem Meer ausgeliefert waren und auf die Hilfe von anderen Menschen hofften.

Ein Tag vergeht.
Eine Nachricht kommt an.

Die Andréa hat eines der Boote gefunden.
Zwei Gerettete, ein Toter.

Als er davon erfährt, schließt Valentin die Augen, atmet ganz lange ein, öffnet die Augen wieder. Er unterdrückt den Reflex zu töten. Er steht auf und geht zu Boulet, der völlig entrückt eine Seegurke betrachtet: »Wir hatten also keine Chance, diese Boote zu finden?«

»Das habe ich nie gesagt. Wir haben getan, was getan werden musste. Ich werde eine Erklärung abgeben, dass unser Expeditionsschiff zwei Menschenleben gerettet hat.«

Dieser Mann ist ein schrecklicher Mensch. Kaum sind die tragischen Konsequenzen seiner Entscheidungen bewiesen, findet er einen Weg, sie in einen strategischen Vorteil umzudeuten. Valentin brüllt: »Wenn du früher angerufen hättest, hätten wir einen Tag mehr gehabt, und der Mann wäre nicht tot. Und wir hätten noch weitere retten können.«

Boulet zappelt wild herum, verlagert seine Fettmassen von einem Fuß auf den anderen, wie ein Kind, das nach einer Lüge sucht, um sich aus der Affäre zu ziehen. Ihm fällt nichts Besseres ein als: »Ich befehle dir zu schweigen.«

Valentin stellt sich ganz nah vor Boulet, Auge in Auge, und erklärt ihm, dass er ihm überhaupt nichts befehlen könne, weil er ein Arschloch sei, und wenn er ihn zum Schweigen bringen möchte, müsse er schon physische Gewalt anwenden. Der Fettsack faselt. Er begreift, er hat da etwas losgetreten, was ihn ein paar Zähne kosten könnte. Er weicht zurück, bloßgestellt vor seiner Truppe, während Valentin seine Empörung an einem Kübel mit Muscheln abreagiert, den er mit einem Fußtritt hoch in die Luft katapultiert, weit weg von den kleinen Schandtaten an Land und den großen Gemeinheiten auf See.

Angewidert von diesem Theater, beschließe ich, meinen Aufenthalt zu verkürzen. Ich verlasse die Expedition und ihren Leiter. So verliere ich zwar meinen Job, aber ich möchte mich nicht weiter im Umfeld dieser Art Mensch bewegen.

Ich habe meinen Abgang mit Luigi, einem in Lavanono gelandeten Italiener und Besitzer eines Fahrzeugs, ausgehandelt. Im Morgengrauen wartet er am Steuer seines zwischen zwei Kakteen geparkten Toyotas auf mich. In einer Sandwolke starten wir, und Luigi schiebt eine CD von Ennio Morricone ein, die ideale Filmmusik, um von diesem Western Abschied zu nehmen. Ich lasse Lavanono mit sechzehn Einwohnern weniger und vierzig Waisenkindern mehr als bei meiner Ankunft zurück.

Während der Fahrt auf den Laterit-Pisten labert Luigi ohne Pause. Er ist Rentner und lebt die Hälfte des Jahres als Einsiedler in diesem Dorf, wo er eine Frau abbekommen hat. Er muss sich mitteilen. Er ist Italiener, und selbst beim Fahren kann er es nicht lassen, mit den Händen zu reden. Er erzählt mir von seinem ehemaligen Geschäftspartner, mit dem er sich komplett überworfen hat und den er verdächtigt, Handel mit Organen zu betreiben, die Kindern in dem von ihm geführten Waisenhaus entnommen werden. Wenn ich das richtig verstanden habe, dann soll er Nieren nach Japan verkaufen, über die Yakuza.

Er schildert mir auch den Hinterhalt, in den er geraten ist. Rundhölzer auf der Fahrbahn. Kieselhagel zum Einschlagen der Fenster. Der Wurfspieß flog durch ein Fenster herein und durchs andere wieder hinaus.

»Sie sind aufs Autodach gestiegen. Ich konnte noch zurücksetzen und sie durch Zickzackfahren abschütteln. Doch an dem Tag, Giuliano, das sage ich dir, da kam ich dem Tod ganz nah.«

Es folgt eine Reihe entmutigender Geschichten über humanitäre Hilfe, die nie bei den Opfern ankommt, weil sich alle überall bedienen. Übrigens hatte er Neuigkeiten von meinem Freund, dem Polizisten. Statt die Küste abzusuchen, um Schiffbrüchige aufzulesen, hat er das Benzin verkauft, um sich zu betrinken.

Total erschöpft erreiche ich Fort Dauphin und habe das Gefühl, in New York zu sein; es gibt Wasser und Strom. Die Besatzung der *Andréa* ist hier an Land gegangen. Die zwei geretteten Fischer aus der Piroge wurden in die Klinik gebracht. Schwer dehydriert, aber inzwischen außer Lebensgefahr. Sie erzählten, dass ein Fischkutter sie entdeckt hatte, aber weitergefahren war, ohne ihnen zu Hilfe zu kommen. Illegale Fischer oder irgendwelche Schieber, die dort eigentlich nicht sein durften.

In einem Restaurant am Meer treffe ich die Seeleute wieder. Als ich zu ihnen stoße, sind sie schon so beschwipst, wie es ein knappes Dutzend Bretonen eben sein kann, die seit zwei Wochen nicht an Land waren und gerade viel durchgemacht haben. Sie haben zwei Menschen gerettet. Und außerdem eine Leiche abgeliefert.

Die *Andréa* hat Valentins Nachricht direkt vor dem Funkspruch des Hafens erhalten, der das Verschwinden der Pirogen meldete. Gwenaël, ein robuster Matrose aus Quimperlé, ist der Held des Tages. Er hat Wache gehalten, ohne das Fernglas aus der Hand zu legen. Niemand glaubte wirklich an das Wunder, aber er wollte nicht aufgeben. Und schließlich tauchte am Horizont ein winziger Punkt auf.

Ich sitze gegenüber von Loïc, einem Maschinisten, mit dem ich während unserer ersten Begegnung ein paar nette Worte gewechselt hatte. Doch Loïc ist nicht mehr er selbst. Er zündet seine Kippen falsch herum an. Wenn er sich Wein einschenken will, gelingt es ihm nicht, auch nur einen Tropfen in sein Glas zu gießen. Er führt intensive Selbstgespräche und produziert dabei eine Reihe von unverständlichen Gurgellauten. Für ein paar Sekunden wird sein Blick ruhiger, er richtet ihn auf mich und schafft es, ein paar Worte zu artikulieren: »Du bist 'n Vollidiot, dir werd ich die Fresse polieren.«

Dann streckt er, so langsam, dass es unwirklich aussieht, seine Hand aus, visiert meinen Teller an und lässt sie fallen. Er greift nach meinem gefüllten Krebs. Führt ihn zum Mund. Verschlingt ihn wie ein Tier. Legt den Panzer wieder auf meinen Teller. Spuckt ein Stück Knorpel auf den Tisch und beschimpft mich als Hurensohn.

Ich bin von Natur aus nicht nachtragend, doch sobald meine Verblüffung verflogen ist, stehe ich auf, um ihn zur

Rede zu stellen. Mein Tischnachbar klopft mir auf die Schulter und sagt gelassen: »Setz dich wieder hin, der bringt dich sonst um.«

Loïc ist fünfundfünfzig Jahre alt, kleiner als ich und wirkt nicht gerade athletisch. Aber er ist ein alter Seemann mit Flossen aus Stahl, und es scheint wirklich so, als könnte er mich mit bloßer Hand enthaupten.

Loïc steht auf und wirft dabei den Tisch um.

Wir starren uns an.

Loïc bricht wie ein Häufchen Elend zusammen, begleitet vom Gepolter zerbrechender Teller. Ich würde mir gerne einreden, mein Blick könne töten. In Wahrheit hat dieser Mann eine unvorstellbare Menge an Alkohol in sich hineingeschüttet. Am nächsten Tag gibt Loïc mir ein Bier aus – er selbst trinkt eine Cola. Er hat mich mit jemandem verwechselt.

Die Lokalpresse berichtete über die Rettungsaktion. Einige Volksvertreter besuchten die zwei Schiffbrüchigen, die wie durch ein Wunder überlebt hatten, in der Klinik. Sechs Tage nach dem Sturm leiteten die Behörden die Suche nach den fünfzehn Vermissten ein, die seit Langem tot waren. Maßnahmen zur Unterstützung der Einwohner von Lavanono wurden angekündigt, die trauernden Familien sollen nun neue Pirogen erhalten.

Als Leiter der Expedition wurde Philippe Boulet von der madagassischen Regierung mit einer hübschen Medaille für seine herausragende Rolle bei der Rettung der Fischer ausgezeichnet. Ein Zeitungsartikel bezeugt das. Auf dem Foto lächelt er.

Pariser Zwischenspiel,

in dem man im normalen Leben landet

Aus dem Flugzeug steigen. Von dem Flug betäubt die Gänge entlanggehen. Den Schildern folgen. Passkontrolle. Gepäck abholen. Nichts zu verzollen. Rauchen. Der Himmel ist grau, das ist Paris. Nachrichten abhören. Einen afrikanischen Taxifahrer aussuchen, um den Übergang abzufedern. Radio Monte-Carlo hören, weil der Fahrer Radio Monte-Carlo hört. Autobahn ohne Löcher oder Huckel. Staus. Von Weitem die Vororte erblicken. Den Périphérique. Pariser Geruch. Meine Straße. Mein Haus. Mein Fahrstuhl. Durch die Tür gehen. Das Gepäck abstellen. Zu Hause sein. Es ist wichtig, ein Zuhause zu haben.

Wäsche waschen. Meine Mutter anrufen. Versuchen zu schlafen. Nicht schlafen können. Nicht lesen können. Auf einem Sofa sitzen bleiben, vor einem ausgeschalteten Fernseher. Ich bin noch nicht angekommen.

Wieder Komfort, Nutella, Warmwasser und den geliebten Menschen.

An wohlduftender Haut einschlafen, an einem ruhigen Morgen die Augen aufschlagen und in die sanfte Morgenröte blicken.

Die Freunde wiedersehen, die gleich geblieben sind. Anders zurückkommen.

»Und, wie war es?«

Von einer Reise berichten, lustlos. Unmöglich zwischen zwei Drinks. Ausweichversuche: »War super.«

Variante: »War intensiv.«

Schweigen. Nicht genug. Man muss das ausführen. Die Drei-Anekdoten-Technik anwenden: eine positive, eine negative, eine positive. Mit einer optimistischen Bemerkung enden, alle sind zufrieden.

Wieder ins normale Leben finden. Telefonieren. Wieder eine Arbeit finden, wieder einen Rhythmus finden. Die Métro nehmen und völlig belangloses Zeug schreiben.

Sich bald sagen, dass es nicht normal ist, so ein normales Leben zu führen. Tage vergehen lassen, die aufeinanderfolgen, bis man sie verwechseln kann. Wochen vergehen lassen. Ich war noch nie in Pakistan.

Keine passende Antwort finden, wenn einer sagt: »Du wirkst mit den Gedanken woanders.« Karten vermeiden, zu verführerisch. Ich war noch nie in Paraguay.

Im eintönigen Dasein verkümmern.

So tun, als ob.

Im Supermarkt zusammenbrechen.

Ablenkungen finden. Wie: bis zum Morgen ausgehen. Wie: seine Atlanten durchgehen. Wie: absurde Dinge tun, um den Alltag zu verhöhnen. In Shorts in Paris auf die Straße gehen und nach dem Weg zum Eiffelturm fragen. Die Place de la Concorde fotografieren und dabei Japanisch reden. Auf der Place du Tertre zu Abend essen. Sich beruhigen: Ich lebe in der touristischsten Stadt der Welt. Hier gehöre ich hin.

Hier gehöre ich nicht hin. Ich war noch nie in Liberia. Ich bin noch nie nach Kasachstan gereist. Ich war noch nie in Mosambik.

Die Aufregung in Schach halten. Todesangst haben. Nach außen Ruhe bewahren.

Es aussitzen.

Auf glühenden Kohlen sitzen.

Im Flugzeug sitzen.

Mosambikanische Episode,

in der man mit der Landschaft verschmilzt

Wir sind kurz vor der Sonne angekommen, um die Milde des Morgengrauens zu genießen. Das Motorengeräusch hat die Dorfbewohner geweckt, und die ersten verschlafenen Gesichter tauchen aus den Häusern auf. Noch in Bettdecken eingewickelte Gestalten nähern sich in der Dunkelheit. Die Leute reiben sich die Augen, um wach zu werden und ihre Verblüffung zu vertreiben. In Nhica gibt es nicht oft Besuch. Binnen einer Minute ist das ganze Dorf versammelt. Licht. Im Nu hat das Leben begonnen, so als hätte es die Nacht niemals gegeben.

Daniel macht sich an die Arbeit, man darf das Zeitfenster nicht verpassen. Ich helfe ihm, die Massen an Stoff aus dem Anhänger zu holen, dann die Gasflaschen und das ganze Zubehör. Um den Stoff aufzublasen, schaltet Daniel den Brenner an. Krach und Flammen. Einige Sekunden Panik. Frauen und Kinder verstecken sich kreischend hinter den Häusern. Hier hat noch niemand je einen Heißluftballon gesehen.

Die Männer bleiben mit verschränkten Armen stehen, sie sind nicht beunruhigt, eher verdutzt, und fragen sich, was diese wilden Weißen da wieder aushecken.

Ein schwaches Licht überzieht den Busch, wir heben ab. Die Kinder schauen uns mit offenem Mund und weit aufgerissenen Augen hinterher. Ich fotografiere das vor Verblüffung erstarrte Dorf, das allmählich kleiner wird. Dann Jubel.

Freudenschreie, Gelächter und Siegesgesang. Als hätten wir gerade den Mond betreten. Der Feuerball am Horizont steigt im Einklang mit unserem Luftballon empor. Ich fliege über die Erde Afrikas.

Daniel sieht aus wie ein ganz normaler Franzose, inklusive Schnurrbart und Gemurre, aber er war in 155 Ländern. Das könnte ein Grund sein, ihn zu hassen. Er entwirft und baut seine Flugobjekte selbst und passt sie den Bedürfnissen seiner Kunden an. Er verdient seinen Lebensunterhalt damit, Kameramänner und Fotografen über die schönsten Ecken der Welt fliegen zu lassen, von der Mongolei bis Nigeria, von Alaska bis ins Outback. Hier dienen seine Fluggeräte auch zum Studium der Baumkronen. Wir fliegen über den Miombo, die Waldsavanne, die in dieser Gegend die Landschaft bestimmt, wir streifen die Baumwipfel, und ein paar Affen drehen durch. Als wir landen, ist der Kaffee fertig.

Das Camp ist ein paar Kilometer von Nhica entfernt aufgebaut, an der Grenze zwischen Wald und Grasland. Es ist wieder einmal eine wissenschaftliche Expedition, die mich hierhergeführt hat. Also weit weg.

Wir befinden uns im Buschland im Norden Mosambiks, zehn Stunden von der nächsten Stadt mit Stromversorgung entfernt. Um hierherzukommen, sind wir über den Sambesi geflogen und in Pemba gelandet, einen Tag über knochentrockenes Land gefahren, vorbei an verwüsteten Wäldern und durch die Trockenzeit verdorrten Feldern.

Mosambik, unten rechts auf der Afrikakarte, ist ein ausgedehnter Landstrich, für den sich kaum jemand interessiert. Bob Dylan hat einen Song über das Land geschrieben, nur wenige kennen ihn. Das Stück handelt von Liebe, Leichtigkeit und Unbeschwertheit, was nicht gerade die neuere Geschichte von Mosambik widerspiegelt. Späte Unabhängigkeit, ein langer, sehr langer und mörderischer, sehr mörderischer Bürgerkrieg. Heute zählt es zu den afrikanischen Ländern mit dem stärksten Wachstum, aber da es so weit unten angefangen hat, steht es immer noch auf den hintersten Plätzen der Rangliste des Human Development Index. Gleich nach Äthiopien.

Im afrikanischen Wald wochenlang in einem Zelt zu leben, hat verschiedene Reize. Zu jeder Mahlzeit Reis essen, auf einem zusammengeknäulten Pulli als Kissen schlafen, sich mit einem Eimer Wasser waschen, Skorpione in seinem Schlafsack finden, die Fliegen erdulden, die sich auf die Hoden setzen, wenn man unter freiem Himmel seine Notdurft verrichtet, bei jeder Mücke den Verdacht hegen, sie übertrage Malaria und andere Späße. All diese kleinen Unannehmlichkeiten werden durch den Vorteil, die Natur direkt zu erleben, mehr als wettgemacht.

Wir sind etwa zwanzig Personen, eine kleine Gemeinschaft, die sich vorübergehend im Busch eingenistet hat. Ein Mann sichtet die Karten und sucht die Routen heraus, die wir in den nächsten Tagen erkunden werden. Das ist der Kapitän. Er trägt einen Bart und trennt sich nie von seiner Seemannsmütze. Der Kapitän ist die treibende Kraft einer NGO, die sich der Artenerhaltung verschrieben hat. Ein nicht akademischer Botaniker. Er macht auf böse und schnauzt die Leute an, weil er sehen will, was in ihnen steckt. Ein erstklassiger Querulant, so einer, der von allen Schulen geflogen ist.

Ich vermute, sein Vater war beim Militär. Der Kapitän ist ein Dandy der Savanne, mit Leinenhosen und irrem Blick; kaum ist er vor Ort, hat er schon Angst vor der Depression nach seiner Rückkehr:

»Hier bin ich der Rudelführer. Wenn ich in meinem Pariser Büro sitze, habe ich das Gefühl, eine Kakerlake zu sein«, sagt er mit der tiefsten Stimme, die jemals südlich des Äquators vernommen wurde.

Jeden Morgen durchsucht sein Team den Wald, um die Bäume zu bestimmen. Ein Wettlauf gegen die Zeit, die Arten sterben schneller aus, als man sie verzeichnen kann. Neben den Botanikern haben wir noch einen Schneckenjäger und eine Frau, die ihr Leben den Fröschen widmet, einen Ameisenmeister und einen Eidechsenexperten, nicht zu vergessen eine Handvoll Insektenvirtuosen. Kleintierfreaks, die zweimal im Jahr ihre Labore verlassen, ihre Forscherstiefel anziehen und versuchen zu retten, was von unserem Planeten übrig geblieben ist. Sie alle sind der Meinung, dass es noch immer Arten zu entdecken gibt. Wir kennen erst einen Bruchteil der Natur.

Einer der Expeditionsteilnehmer hat dank Google Earth in einem versteckten Winkel von Mosambik einen neuen Typus Wald entdeckt. Eine Goldmine an Biodiversität, vollkommen unerforscht. Die Neuigkeit ist durch die Medien gegangen und hat für Erheiterung darüber gesorgt, dass man heutzutage noch unbekannte Ecken finden kann. Ja, die Welt ist kartografiert. Und trotzdem gibt es noch Gebiete zu entdecken.

Am Abend versammeln sich die von den tagelangen Märschen erschöpften Forscher unter dem Sternenzelt um das Feuer. Man spricht über die Funde des Tages, dann verlieren sich die Blicke in den Flammen, bevor der Schlaf einen übermannt. Trotz der Müdigkeit ist es nicht so einfach, einzuschlafen. Die erste Nacht im Wald ist ein Abenteuer, bei dem man sich nicht vom Fleck rührt. Wenn man die Augen schließt, liegt man mitten in einem Tropen-Rave. Frösche am Schlagzeug, Eulen als Chorsänger, und melodisch heulende Hyänen spielen ein Wahnsinnsstück im Urwaldkonzert. Ab der zweiten Nacht ist man akklimatisiert und lässt sich von diesem Konzert in den Schlaf wiegen.

An diesem Abend muss ich die Augen offen halten. Meine Gummistiefel stehen im plätschernden Wasser des Nhica-Sees, ich bin unterwegs, um nachts Frösche zu fangen. Marian schnappt sich die Lurche mit einer Behändigkeit, der sie ihren Laubfrosch-Doktortitel verdankt. Mark erkundet die Umgebung. Man muss vorsichtig sein, die Nacht gehört den Tieren, und der Wald beobachtet uns.

»Wichtig ist, dass man sich von den Nilpferden fernhält«, warnt er uns.

Laut übereinstimmender Quellen ist das Nilpferd tatsächlich das dümmste Tier auf dem afrikanischen Kontinent – abgesehen vom Huhn, aber das ist ein anderes Thema. Mark ist einer der Expeditionsführer. Er gehört zu jenen Männern, die ihrer Frau ein Küsschen auf den Mund drücken und vier Monate später mit Malaria und einer Verletzung durch Büffelhörner zum Teetrinken wieder vor der Tür stehen, so als wäre nichts gewesen. Mark kann einen Geländewagen mit den Zähnen aus einer Spurrille ziehen, mitten in der

Nacht den Weg in einem unbekannten Dschungel wieder-
finden, eine Wunde mit dem Darm einer Antilope zunähen,
die Fährte eines Löwen aufnehmen und einen Generator in
drei Minuten reparieren. Zusammengefasst könnte man sagen, Crocodile Dundee und MacGyver in einer Person kommen kaum gegen diesen Mann an.

Sobald sie ihre Besorgungen im See erledigt hat, schaltet
Marian ihre Stirnlampe aus. Ich mache es ihr nach. Unsere
künstlichen Photonen verschmutzen nicht länger den Augenblick. Wir sind blind in einer Welt aus Geräuschen. Tausende von Fröschen quaken in der ganzen Bandbreite fein abge-
stufter Töne. Sie bilden den Chor des Sees. Ein Murmeln, ein
Höllenlärm, eine Oper.

Ich kriege beinahe einen Herzinfarkt, als sich eine Hand auf
meine Schulter legt. Kein Nilpferd – ein Nilpferd würde so
etwas nicht tun. Es ist nur Boris Kuratov, der mich grüßt.
Boris Kuratov bemerkt man nicht. Man hört ihn nie kommen. Er ist ganz ohne Lampe durch den Wald spaziert, weil
das Licht der Sterne ihm genügt. Ein hagerer Mann mit drah-
tigem Körper. Boris ist ein Wanderer, er hat schon die ganze Welt auf der Suche nach Muscheln durchstreift. Er ist niemals müde. Er liebt es, täglich dreißig Kilometer unter der
Sonne Afrikas zurückzulegen, ohne auch nur einen Tropfen
Wasser zu trinken. Er nimmt keins mit. Das wird ihm vor-
geworfen. Darauf antwortet er, er kenne seinen Körper und
seine Grenzen. Boris kennt auch die Schnecken. Boris kennt
vieles. Er hat ein Motto: »Ich versuche, alles zu wissen.« Alles. Ein hübsches Hirngespinst, Scheitern vorprogrammiert.
Alles zu wissen war möglich, als man noch nicht viel wusste,

als wenige Menschen auf der Erde lebten, als Kenntnis und Technik beschränkt waren. Vor dem Buchdruck konnten sich vielleicht ein paar Gelehrte damit brüsten, eine annähernd umfassende Vorstellung des zu ihrer Zeit verfügbaren Wissens zu haben. Aber Boris versucht es, und das ist die Hauptsache.

Wir sind ins Lager zurückgekehrt, und am Feuer sitzen nur noch wir zwei. Boris hat sich in den Kopf gesetzt, mir detailliert zu erklären, inwiefern Newton und Einstein unvereinbar waren. Er steht auf, nimmt die Teekanne in die Hand und lässt sie am ausgestreckten Arm kreisen, um die Zentrifugalkraft zu verdeutlichen. Die Vorlesung findet in Englisch mit einem haarsträubenden russischen Akzent statt, und ich habe schon ein paar Biere intus. Als Boris zur Variabilität der Aussterbequote der Landweichtiere im Kreide-Tertiär abschweift, schalte ich ab. Ich beschränke mich darauf, ihn zu beobachten. Sein Blick ist fanatisch, und er begleitet seine Ausführungen mit kurzen, schrillen, krampfartigen Lachern, die in diesem Gesicht überraschen, das im nächsten Augenblick wieder in einen tiefen, durch und durch slawischen Ernst verfällt. Boris ist Single.

Ich habe nichts gegen Schnecken, aber ich muss zugeben, dass ich für die meisten Aktivitäten menschliche Wesen bevorzuge. Da meine erste Begegnung mit dem Dorf tatsächlich wie im Fluge verging, gehe ich noch einmal in Ruhe hin. Dieses Mal zu Fuß. Gildo, ein Botaniker der Expedition, begleitet mich. Er kommt aus der Hauptstadt Maputo, wo er seine Promotion abschließt.

Nhica besteht aus ein paar Dutzend Lehmhütten auf einem Felsvorsprung über der Savanne. Als wir ankommen, rennen von überall neugierige Kinder herbei. Einige haben Schuhe an. Jugendliche versuchen, mithilfe eines klapprigen Gerätes einen Radiosender zu empfangen. Unter einem Baum spielen Männer Dame, ein anderer Mann geht mit ein paar Fischen auf der Schulter vorbei. Etwas abseits gibt eine magere Frau ihrem Kind eine scheinbar leere Brust.

Nhica ist ein großes Dorf, tausend Einwohner, aber es gibt keinen Markt. Die einzige Bude verkauft Batterien und Zigaretten. Hier wird Subsistenzwirtschaft betrieben, Maniok, Mais, Sorgho und Reis. Keine Viehzucht. Ab und an ein Huhn. Ein bisschen Jagd und Angeln im nahe gelegenen See.

Im Ortszentrum steht ein Haus aus Stein, *das* Haus aus Stein. Ein Raum, drei Bänke und ein Schreibtisch: das Rathaus. Wir haben um ein Treffen mit den Honoratioren gebeten. Eine gute Stunde später hat sich eine Gruppe aus etwa zehn Personen eingefunden. Die Dorfältesten, natürlich die alten Männer, aber auch alte Frauen und ein paar junge Leute. Hinter seinem Schreibtisch thront Alfonso Dali. Der Chef, wuchtig und mürrisch. Kein Spaßvogel. Er hat auch wirklich nur wenig zu lachen. Ich stelle Gildo meine Fragen auf Englisch. Er übersetzt sie für Alfonso ins Portugiesische, der sie dem Dorfrat in den lokalen Dialekt übersetzt. Die Antwort legt den umgekehrten Sprachweg zurück; das führt zu einem gewissen Verlust an Gehalt sowie zu einer Gesprächsdauer von nahezu einer Viertelstunde, um zu folgendem Wortwechsel zu gelangen: »Danke, dass Sie uns empfangen.«

»Sie sind herzlich willkommen.«

Früher gab es Wasser in Nhica. Deshalb hat sich hier eine Dorfgemeinschaft gebildet. Jetzt gibt es keins mehr. Alfonso weiß nicht, warum. Letztes Jahr kam eine Ölgesellschaft, um die angeblich erdölhaltigen Böden der Region zu erkunden. Das Unternehmen ließ einen Wasserbrunnen graben. »Aber er funktioniert nicht. Er ist nicht tief genug.« Kein Problem für die Ölgesellschaft, die das Foto mit dem Brunnen als Beweis ihrer Großzügigkeit vorzeigen kann. Wer soll das auch überprüfen? Hier kommt niemand vorbei.

Also gehen die Frauen zum Wasserholen an den tiefer liegenden See oder zu den Löchern, die im nahen Grasland zum Auffangen des Regenwassers gegraben wurden. Das ist ihre Arbeit und ein großer Teil ihres Alltags.

Eine Geschichte, die in Kursen für »Humanitäre Aufgaben« erzählt wird: Eine NGO voller guter Absichten kommt in ein afrikanisches Dorf, stellt fest, dass die Frauen zehn Kilometer weit gehen müssen, um Wasser zu holen, und baut einen Brunnen, um sie zu entlasten. Im Nachhinein stellt sich heraus, dass die Zeit des Wasserholens die einzige war, in der die Frauen frei waren und nicht unter dem Druck der Männer standen. Weil der neue Brunnen das soziale Gefüge verschob, schränkte er letztlich ihre Freiheit ein. »Ich habe gehört, dass Frauen schon Brunnen zerstört haben, um ihre Gewohnheiten beizubehalten«, bestätigt Gildo.

Die Trinkwasserknappheit zehrt an der Lebenserwartung. In Mosambik wüten Ruhr und Cholera. In Nhica gab es sogar Berichte über Pestfälle. Hier werden die Hygieneprobleme durch die isolierte Lage noch verstärkt. Kein Kraftfahrzeug. Ein paar Fahrräder sind die größten Luxusgüter, die man hier finden kann. Zur nächsten Krankenstation läuft ein gesunder Mensch einen Tag lang. Alfonso wettert gegen die Regierung. Es werden Versprechungen gemacht, und nie passiert etwas.

»Dabei bräuchten wir wirklich Hilfe«, versichert der Chef.

»Aber welche Art von Hilfe?«

Der Rat fängt nun eine lebhafte Diskussion an, die fünfzehn Minuten später in folgender Antwort mündet: »Wir hätten gern einen Traktor.«

»Kann jemand fahren?«

»Nein.«

Stille.

»Aber das würden wir lernen.«

In Nhica gibt es eine Grundschule. Eine Lehmhütte ohne Stühle oder Tische. Eine Tafel, ein paar Kreidestücke – das ist alles. Die Lehrer kommen von außerhalb. Man teilt ihnen ein Stück Land zu, damit sie sich ernähren können. Sie beklagen, dass die Schüler nicht regelmäßig zum Unterricht erscheinen. Die Jungs müssen ihren Eltern auf den Feldern helfen, die Mädchen bleiben häufig zu Hause, um die kleineren Geschwister zu versorgen. Die Teenager haben keine Chance auf höhere Schulbildung. Die nächste weiterführende Schule ist viel zu weit weg. Kein Kind aus dem Dorf ist jemals Lehrer geworden. Die Stagnation setzt sich immer weiter fort, und Nhica bleibt wie so viele vergessene Dörfer dazu verdammt, allein fertigzuwerden mit seinem Leid, das niemand sieht.

Mark belädt den Pick-up. Essen für ein paar Tage, Wasser- und Benzinkanister. Töpfe. Zelte. Eine Axt. Mark befeuchtet seinen grauen Schnurrbart, stemmt unschlüssig die Hände in die Hüften. Dann schlägt er sich gegen die Stirn und holt Zigaretten. Er selbst raucht nicht, aber er hat immer eine Stange im Handschuhfach liegen, um die Beziehungen mit den Behörden zu erleichtern. Mark denkt an alles, und jedes Mal, wenn ich mir eine Kippe anzünde, schimpft er mich: »Wenn du weiterrauchst, stirbst du.«

Boris ist nicht gestorben, aber er liegt mit einem heim- tückischen Fieber im Bett. Er zieht Ärger förmlich an, denn er hatte auch noch eine Zecke im Schritt. Ein Kollege, den er nicht ausstehen kann, hat sie entfernt. Er sollte uns beglei- ten, jetzt wird er im Camp bleiben. Mit reduzierter Crew bre- chen wir gen Osten auf. Der Kapitän hat uns am Vorabend seinen Plan erläutert. Er ist einfach. Wir werden Neuland er- kunden.

Wir rasen über schlammige und staubige Pisten, auf denen ab und an ein Stück holperiger Teerstraße auftaucht. Das ländliche Afrika zieht Stunde um Stunde an uns vorbei. Frauen im Gänsemarsch tragen Holz auf dem Kopf und Babys auf dem Rücken. Siebenjährige Kinder zerkleinern Steine, weil das ihr Beruf ist, andere springen in Wasserpfüt- zen, weil das lustig ist.

Zwischen zwei Dörfern ist die Landschaft mitunter ein- tönig, ein Feld am anderen, qualmende Glut und verkohlte Stämme, ein entsetzlicher Anblick. Der Kapitän tobt. Der Anbau auf Brandrodung und der Eigenverbrauch von Holz schrumpfen die Waldfläche so schnell wie das Feuer. So zerstört die Bevölkerung ihre eigene Umwelt. Aber man braucht nun mal Holz zum Kochen. Einen Baum verschonen oder abends nichts essen, die Entscheidung ist schnell getroffen. Die Wälder in dieser Gegend wurden durch die Minen aus Bürgerkriegszeiten geschützt. Die jüngste Minenräumung hat einen breiteren Zugang zum Holz ermöglicht. Und damit zur Zerstörung des Waldes beigetragen.

Am Rand eines Dorfes liegen die Überreste eines erschossenen Elefanten. Der Schädel von Ameisen zerfressen. Ein Ohr. Das ist schon was, so ein Dickhäuterohr. Das Tier wird im angrenzenden Schutzgebiet legal gejagt. Fette Deviseneinnahmen. Verletzte Elefanten richten manchmal ihre Wut gegen Zweibeiner. Wenn ihre lederne Haut von Kugeln durchlöchert ist, verbreiten sie Panik in den Dörfern.

Am Ende eines Feldes ragt eine auffällige Konstruktion in den Himmel. Eine Art Hütte auf Pfeilern. Ein Wachturm. Wächter verbringen hier bis zur Erntezeit die Nächte, um die Tiere zu vertreiben, die ihre Felder zertrampeln. Das ist ein Grund für das Fernbleiben vom Unterricht, hatte mir der Lehrer von Nhica erklärt. Ich versuche mir vorzustellen, wie die Nachricht der Eltern lauten könnte:

Bitte entschuldigen Sie das Fehlen meines Sohnes im heutigen Unterricht. Er muss auf dem Feld bleiben, um die Elefanten zu überwachen.

Es gibt so gut wie keinen Verkehr. Uns kommen ein paar Fahrräder entgegen, ab und an ein Laster. Ziegen schlafen mitten auf der Straße, man muss aufpassen. Am Horizont zeichnet sich eine Uniform ab. Ein hellwacher Polizist, der ganz allein am Straßenrand steht. Er fordert uns zum Anhalten auf. Mark schiebt ihm zusammen mit den Papieren eine Schachtel Zigaretten zu. Man rechnet mit allem, nur nicht damit: »Sie haben die zulässige Höchstgeschwindigkeit überschritten.« Der Beamte zeigt auf seine Radarpistole. Wir haben in der Tat die zulässige Höchstgeschwindigkeit überschritten, auf dem einzigen Abschnitt, wo man überhaupt schneller als fünfzig fahren kann. Hier gibt es weder Wasser noch Strom noch Autos. Das Land brennt, die Malaria tötet, nichts funktioniert, aber es gibt Radarfallen.

Die Spurrillen haben sich in Krater verwandelt. Wir sind nach Osten auf eine Nebenstraße abgebogen, die zwischen Bäumen hindurchführt. Ich sitze hinten und muss mich ducken, damit ich nicht von den Ästen geköpft werde. Mark fährt, der Kapitän träumt auf dem Vordersitz vor sich hin, während er Fotos von Euphorbien anschaut. Die Euphorbie ist eine Pflanze mit milchigem Saft, die so groß wie ein Baum werden kann. Er will eine Art davon aufstöbern, die in dieser Region noch nie verzeichnet wurde. Das ist seine Mission. Der Kapitän sucht etwas, das eigentlich nicht existieren dürfte.

Hinter einer Kurve tauchen zwei Frauen auf, rennen sofort weg und verschwinden zwischen den Bäumen. Unser Anblick hat sie in Panik versetzt. Ein Geländewagen, das bedeutet nicht unbedingt etwas Gutes. Es gab einen Krieg, der böse Erinnerungen hinterlassen hat.

Mark kennt den Krieg. Er ist siebenundvierzig und in einem Land aufgewachsen, das unter den Wirren einer chaotischen Unabhängigkeit gelitten hat, im heutigen Simbabwe.

Er stammt aus einer schottischen Familie, die seit drei Generationen im südlichen Afrika lebt, und hat eine Situation in diesem Land geerbt, für die er nicht verantwortlich ist. Infolge der Umschwünge in der Geschichte gehört er jetzt als Weißer zu einer stigmatisierten Minderheit im Simbabwe unter Mugabe. Bei Mark findet man keine Spur von rassenbedingtem Groll, er misstraut dem Menschen allgemein. Als die weißen Farmer vertrieben wurden und die Wirtschaft des Landes zusammenbrach, wanderten viele seinesgleichen nach Südafrika oder Europa aus. Mark will nicht weg. Er ist Afrikaner.

Der Wald wird dichter, wir fahren tiefer hinein, immer ein Stück weiter. Bei einem abgelegenen Haus halten wir an. Hier lebt eine Familie, es gibt ein paar Felder und einen Fluss, der sich durch die Landschaft schlängelt. Ein Mann baut aus geflochtenen Palmenzweigen ein Bett. Seine Frau zerquetscht Maniok in einem Mörser. In regelmäßigen Abständen wirft sie den Stößel in die Luft, klatscht in die Hände und fängt ihn wieder auf, um ihrer Arbeit einen Rhythmus zu geben. Sie besitzen nicht viel, aber sie haben Gras. Als wir ankommen, legt der Mann seine Arbeit beiseite und rollt einen Joint. Als fleißiger Pflanzendetektiv zeigt der Kapitän Fotos von Euphorbien und stellt seine Fragen in gebrochenem Swahili: »Haben Sie diese Pflanze in der Nähe gesehen?« Der Mann begreift nicht, wie präzise die Fragestellung ist. Er kratzt sich am Kopf, blickt den Kapitän skeptisch an und zeigt mit einer ratlosen Geste auf die Umgebung, nach dem Motto: »Aber siehst du denn nicht, dass hier überall Pflanzen wachsen?«

Wir haben das Biwak oberhalb einer Böschung aufgebaut. Beim Holzholen stehe ich plötzlich vor einem Pavian und bekomme Angst, was für ein etwaiges Zusammentreffen mit einem Löwen kein gutes Vorzeichen ist. Der Affe hat mehr Angst als ich und macht sich aus dem Staub.

»Die meisten Tiere wurden schon mal gejagt, sie flüchten vor den Menschen. Klar muss man vorsichtig sein. Aber wenn du die Natur verstehst, kannst du Konfrontationen vermeiden und Gefahren ganz leicht aus dem Weg gehen.«

Mark ist sich sicher: Der Mensch ist das gefährlichste Tier. Der Kapitän blickt von seinem Herbarium auf und schimpft: »Der Mensch zerstört alles. Niemand ist sich darüber im Klaren, wie schnell diese Orte verschwinden.«

Mark stimmt zu. Normalerweise ist er in Gesellschaft eher schweigsam. An diesem Abend hält er eine lange Rede, die zeigt, dass hinter Crocodile Dundee ein reflektierter Mensch, ein echter Wissenschaftler steckt. Er beklagt die maßlose Umweltverschmutzung mehr als jeder andere, glaubt aber an die Regenerationsfähigkeiten der Natur. Das Anthropozän ist nur ein Zeitalter, und die Menschen werden vor diesem Affenbrotbaum aussterben. Für Mark hat der Busch keine Geheimnisse mehr, er ist die Liebe seines Lebens. Wir haben Zelte, aber er schläft jeden Abend unter freiem Himmel, allerdings nicht ohne die Axt in Reichweite.

»Warum hast du dieses Leben gewählt, Mark?«

»Wegen der Freiheit, nehme ich an. Ich erlebe Dinge, die sich die meisten Menschen nicht einmal vorstellen können.«

Ein Teil von mir beneidet diesen Mann, der seine Erfüllung im Kontakt mit den Elementen findet, ein anderer könnte nicht auf städtische Dynamik verzichten. Der Busch ist voller Magie, aber man muss zugeben, dass es hier an Hype fehlt. Ich will eine Zigarette rauchen, sie soll mir dabei helfen, über die großen Unterschiede des Seins nachzudenken, doch ich kann mein Feuerzeug nicht finden. Mark weigert sich, mir seins zu geben.

»Nein, mein Junge, wenn du rauchst, wirst du sterben.«

Mark hat keinen Sohn, er mag mich. Er gräbt ein kleines Loch, legt ein paar Grashalme rein und reicht mir zwei Stücke Holz.

»Du willst Feuer? Dann lerne, wie man es macht.«

Den ganzen Tag lang bin ich dem Kapitän gefolgt, der seiner Idee folgte. Er sucht die umliegende Flora nach Hinweisen ab, inspiziert die Bäume, notiert GPS-Daten, macht sich Notizen. Mark hat sich in eine andere Richtung auf Entdeckungstour begeben. Wir gehen einen Weg hinab und erreichen den Rovuma, einen breiten Fluss mit Ufern voller Spuren von Tieren, die hier getrunken haben. Am anderen Ufer steht eine kleine Hütte auf dem Sand. Das einzige Gebäude weit und breit. Ein hochgewachsener, dünner, alt wirkender Mann ist damit beschäftigt, Fischernetze auszulegen. Als ob nichts wäre, rückt der Kapitän mit folgender Info raus: »Auf der anderen Seite liegt Tansania.«

»Und das sagst du mir einfach so?«

»Ja. Wieso?«

»Wo können wir rüber?«

»Wir können nicht rüber.«

»Ich bin ein guter Schwimmer.«

»Du bist ein schlechterer Schwimmer als die Krokodile.«

Eine Sekunde überlegen. Die Versuchung ist zu groß.

»Sind die so böse, wie man immer hört?«

Die Situation ist dramatisch. Dort, hundert Meter entfernt, liegt ein neues Land direkt vor meiner Nase. Und eine Handvoll hinterlistiger Echsen hindert mich daran, es zu betreten. Die Frustration ist so stark, dass ich meinen Taschenatlas aufschlagen muss, um an ein paar Karten zu schnüffeln. Sie zu berühren, beruhigt mich in schwierigen Momenten.

Plötzlich taucht Mark auf, er hat es eilig.

»Ich hab die Nilpferde gefunden.«

»Ich dachte, die sind dumm.«

»Sei doch nicht so kategorisch.«

»Und außerdem ist es das mörderischste Säugetier Afrikas, oder nicht?«

»Schon, aber jetzt sind sie im Wasser.«

Ein nasses Nilpferd ist nicht gefährlich. An Land hingegen sollte man sich ihm nicht in den Weg stellen. Wenn es angreift, bleibt keine Zeit mehr, über die großen Verfehlungen des Seins nachzudenken. Ein Nilpferd rennt so schnell wie Usain Bolt und wiegt dreißig Mal so viel. Man kann sie also zu Recht als dicke Huftiere bezeichnen.

Mark führt uns durch das Gestrüpp bis zu einem toten Flussarm. Eine Enklave, wo die Wasseroberfläche spiegelglatt ist. Eisvögel gleiten darüber hinweg, ein paar Affen turnen in den Bäumen, und die Insekten komponieren mit ihrem Summen die Hintergrundmusik für dieses Stück unberührter Natur. Ganz offensichtlich sind sich Adam und Eva hier begegnet. Zwar herrscht in diesem Augenblick Dämmerlicht, doch es versetzt uns zurück zu den Anfängen des Lebens.

»Aufpassen ...«

Mark hält inne, geht ein paar Meter zur Seite und läuft dann weiter. Beinahe wären wir auf eine Schlange getreten.

Die sinnliche Erfahrung, den Ort zu betreten, an dem die Weltgeschichte ihren Anfang nahm, ist nicht nur symbolischer Art. Wir befinden uns hier am Rande des Großen Afrikanischen Grabenbruchs, dort, wo der Mensch zum ersten Mal aufrecht ging.

Wir setzen uns ans Ufer, unsere Beine baumeln über dem Fluss. Drei Menschen rühren sich nicht, und die Nüstern eines Nilpferdes tauchen aus dem Wasser auf. Ein zweites. Ein drittes. Acht.

»Sie wachen auf«, flüstert Mark.

Die Kolosse richten ihre großen Augen auf die Besucher. Sie sind direkt vor uns, zehn Meter entfernt, friedlich und neugierig. Wir kommunizieren. Sie verschwinden mehrmals unter der Wasseroberfläche und tauchen abwechselnd unter lautstarkem Prusten wieder auf, als wollten sie sicherstellen, dass dieses Wasserspektakel nicht unterbrochen wird. Wir sind im Kino und sie ebenso. Die Vorstellung dauert eine Stunde, und sie fesselt mich derart, dass ich den Eindruck habe, mich in ein Nilpferd zu verwandeln. Ich muss mich beherrschen, um nicht durch die Leinwand zu gehen und mit meinen Artgenossen herumzutollen.

In der Ferne ertönt ein monotoner Gesang. Das Abendgebet des tansanischen Fischers, das über den Fluss zu uns dringt. Es kündigt den Abschied an. Wir verlassen diesen Ort, die acht Nilpferde tauchen auf. Sie drehen ihre Köpfe und schauen uns hinterher. Ich kann nicht anders, als ihnen zuzuwinken und »Auf Wiedersehen, meine Freunde« zu rufen, was mir als das Mindeste an Höflichkeit erscheint.

Als sich Dunkelheit über den Fluss legt, starten Hunderte von Glühwürmchen ihre Blinkparade. Ein leuchtender und dank einer mysteriösen chemischen Kommunikation synchroner Algorithmus. Ein irreales Meisterwerk, das den gesamten Kosmos in den Schatten stellt. Jedes Wort wäre überflüssig. Kein Platz für Halbheiten.

Mit einem Mal überwältigt mich Dankbarkeit für Eratosthenes, den griechischen Gelehrten, dem wir das Wort Geografie verdanken. Der die Grundlagen für die Kartografie geschaffen hat. Ohne ihn wäre ich nicht hier. Nach der Legende erblindete er und starb aus Kummer darüber, dass er die Sterne nicht mehr betrachten konnte. Unten im Rovuma huldigen ihm die Nilpferde mit inbrünstigem Schnaufen. Eine mosambikanische Hyäne schreit, eine tansanische Hyäne antwortet ihr. Nicht mit dem hämischen Lachen, für das sie so bekannt sind. Sondern mit langen, melancholischen Klagelauten, die jede noch so kalte Seele berühren würden.

In der Schönheit des Augenblicks wird mir bewusst, dass es mich wenig kümmert, das Nachbarland nicht betreten zu können. Ich befinde mich auf dem Weg der Besserung.

Der Kapitän verhandelt mit den Fischern. Wir sind bei einem Kaff an der Küste angelangt und brauchen ein Boot. Das Gespräch zieht sich hin. Der Kapitän schlägt einen härteren Ton an, tut so, als wolle er gehen, kommt wieder, zeigt mit den Fingern ein paar Zahlen und schüttelt schließlich Hände. Man hat sich geeinigt. Am Nachmittag sollen ein Kahn und zwei Männer aus dem Dorf als Begleitung bereitstehen.

Die Stunden vergehen, und am Ende des Tages ist kein

Kahn in Sicht. Der Kapitän kocht vor Wut, doch er weiß, dass Aufregung nichts bringt. Afrika kann man nicht planen.

Wir müssen uns damit abfinden, hier eine Nacht zu verbringen – eine schlaflose Nacht, erdrückt von der Hitze und bisweilen begleitet vom sturen Blöken einer dummen Ziege.

Am Morgen ist das gesamte Dorf am Strand versammelt, um dabei zu sein, wenn wir an Bord gehen. Zwei Fischer bereiten das Boot vor, Vater und Sohn. Der Vater scheint mit seiner Frau zu streiten. Sie will nicht, dass die beiden wegfahren, könnte man meinen. Ich überlasse sie ihrem Ehekrach und gehe mit meiner Tasche auf dem Kopf bis zur Taille ins Wasser, um zum Boot zu gelangen. Unsere Seemänner machen sich ans Manövrieren. Das Dorf lässt uns in ungewohnter Stille ablegen, wir verschwinden.

Eduardos Hände sind rissig durch Salz und Sonne. Ein Mann reiferen Alters von schlanker Gestalt und mit langsamen, präzisen Bewegungen. Sein Sohn spricht viel mit ihm, er bleibt schweigsam. Sie werden sich wohl fragen, was wir hier machen. Auf jeden Fall kennen sie den Weg, der zu unserem Ziel führt. Ein namenloser Hügel an der Küste, der nur per Boot zu erreichen ist. Der Kapitän hat die Gegend mithilfe von Luftbildern ausfindig gemacht. Die Vegetation, die er auf den Fotos erahnte, versetzte ihn in höchste Erregung, dort deutet nichts auf menschliche Spuren hin. Der Grund, der uns zu diesem Hügel führt, der wahre Grund, ist, dass noch kein Mensch jemals dort war.

Wir schlängeln uns vorsichtig durch den Mangrovenwald. Das Wasser ist nicht tief, und man muss im Zickzack fahren, damit man nicht im Sand stecken bleibt. Wir kommen langsam voran, und die stickige Luft der Lagune lässt die Zeit noch langsamer vergehen. Stundenlang sind die Mangrovenbäume mit ihren verschlungenen Wurzeln im Brackwasser unsere einzige Gesellschaft. Sie bilden ein Labyrinth, hinter dessen Rätsel sich eine gewisse Feindseligkeit verbergen könnte. Ich versuche, mit Eduardo zu kommunizieren, sein Portugiesisch ist kaum besser als meins: »Warum hast du deine Frau angeschrien?«

»Sie wollte nicht, dass ich gehe.«

»Aber warum denn nicht? Der Kapitän bezahlt doch anständig, oder?«

»Ja, aber der Hügel da hinten, das ist nicht gut.«

»Wie? Nicht gut?«

»Das ist nicht gut, weil es da Löwen gibt.«

Wir stoßen auf eine Sandbank. Durch den Aufprall gerate ich ins Wanken, und meine Kamera fällt ins Wasser. Mit einer Mischung aus Ohnmacht und Schuldgefühl sehe ich zu, wie sie versinkt. Ich soll Bilder von dieser Expedition mitbringen, das ist der offizielle Grund, warum ich hier bin. Mark zuckt mit den Achseln, das Boot fährt wieder los, und der Ärger verliert sich schließlich in Erleichterung. Nie hätte ich es gewagt, mich von meiner Kamera zu trennen. Die Natur hat für mich entschieden.

Die Mangrovenzweige werden immer dichter, bis kein Durchkommen mehr ist. Wir können so nicht weiter, wir müssen anlegen. An einer trockenen Stelle laden wir die Sachen aus.

Der Hügel ragt vor uns empor, aber Eduardo und sein Sohn weigern sich, mit uns zu kommen. Mark geht als Späher voraus, kehrt zurück und versichert ihnen, dass es dort keine Spur von Löwen gibt. Eduardo bleibt stur. Sie werden hier beim Boot auf unsere Rückkehr warten.

Um an den Fuß des Hügels zu gelangen, muss man eine große, lehmige Ebene überqueren. Das sieht einfach aus und erweist sich als langwierig und strapaziös. Mit jedem Schritt versinken wir bis zur Wade im von der Sonne aufgeheizten Boden. Wir entjungfern diesen Ort. Wir hinterlassen Spuren in diesem Gebiet und kehren schlammverschmiert daraus zurück. Ich habe meine menschliche Gestalt verloren und mich in ein Wesen aus Schlamm und Schweiß verwandelt. Allmählich verstehe ich, warum die Leute nicht in diese Gegend kommen. Der Zugang ist mühsam, es gibt nicht viel zu holen, und sie hören den Löwen brüllen.

Der Hügel ist nicht sehr hoch, aber der Hang ist steil und der Wald dicht. Wir kämpfen uns mit der Machete vorwärts. Der Anstieg ist eine Schlacht gegen Dornensträucher und Insekten, dabei mischen sich Schweiß und Blut. Der Hügel wehrt sich.

Wie in Trance steigt der Kapitän bergauf. Hier und da bleibt er stehen, um auf Bäume zu klettern. Er redet mit den Blättern und fragt sie unter Androhung seiner Gartenschere, ob hier Euphorbien vorbeigekommen seien. Sein Blick jagt in alle Richtungen, er hat eine wichtige Etappe gemeistert. Als er als Erster oben ist, nimmt er sich eine Minute, um zu trinken, und geht sofort wieder los, ohne auf uns zu warten. Schon seit einer ganzen Weile scheint er uns gar nicht mehr wahrzunehmen. Gefangener seiner inneren Unruhe. Mark und ich bauen das Biwak auf und lassen uns Zeit, um die Erfahrung auszukosten, im Nirgendwo zu sein.

Jeder meiner Schritte ist der erste auf diesem Boden. Jeder Augenblick ist kostbar. Ich habe keine Kamera mehr, um meine Spuren zu verewigen. Der Tod eines Touristen. Ich war nicht in allen Ländern der Welt, aber hierher bin ich gekommen.

Auf der einen Seite Meer. Auf der anderen Land. Darüber alles wie immer. Nicht gerade die schönste Landschaft, die ich je gesehen habe. Kein Garten Eden. Bloß ein Ort fernab des menschlichen Treibens. Hier haben die Bäume das Sagen, und sie schweigen.

Von hier aus betrachtet begreift man, dass die Menschheit für das Funktionieren dieses Planeten nicht unentbehrlich ist. Wir sind vergänglich, die Pflanzen sind beständig. Man kann das Gras unter unseren Füßen abbrennen, es wird immer wieder nachwachsen. Wir sind die Luxustouristen der Evolution, nur Durchreisende einer Epoche. Wir haben die Erde besucht, wir haben sie verherrlicht und verwüstet, wir werden wieder verschwinden.

Wir bleiben nur eine Nacht auf dem Hügel. Ich baue mein Zelt nicht auf, es wäre absurd, sich hier abzuschotten, wo unsere Stunden doch gezählt sind. Ich mache gerade Feuer, als Mark mir sein Fernglas hinhält. Er zeigt mit dem Finger auf den Teil des Mangrovenwaldes, wo das Boot festgemacht ist. Eduardo und sein Sohn sitzen auf den Ästen einer Akazie.

»Mark, was muss man tun, wenn man einem Löwen begegnet?«

»Den Augenblick genießen.«

Als ich mich frage, ob dieser Mann ein großer Weiser oder total verrückt ist, durchbricht Gebrüll die Stille. Die Stimme des Kapitäns. Ein Freudenschrei. Er ist fündig geworden.

Mark und ich blicken uns lächelnd an. Der Kapitän hat seine Mission erfüllt. Sicher pflückt er gerade einen Strauß unbekannter Euphorbien, beweint mit einem Auge die Schönheit der Natur und mit dem anderen ihre Zerbrechlichkeit. Er kann wieder ins Büro zurückkehren, wo er kurz zur Ruhe kommt, bevor es ihn erneut unter den Sohlen brennt. Dann wird er seinen Waldwettlauf gegen die Zeit wieder aufnehmen, um Lebensformen mit Namen zu versehen.

Mark wird nach Simbabwe zurückkehren, er wird seine Frau küssen und einen Tee trinken, bevor er sich wieder in den Busch stürzt, wo seine Seele aufblüht. Wir werden uns nie wiedersehen.

Das Wasser im Topf über dem Feuer beginnt zu brodeln. Mark zögert einen Moment, dann nimmt er eine Zigarette aus meinem Päckchen. Er zündet sie an der Glut an, nimmt einen langen Zug und stößt den Rauch aus: »Man kann sagen, dass wir für ein paar Tage gute Freunde waren.«

Ich nicke, liege im Gras, das unter meinem Gewicht nachgibt. Ich frage mich nicht, wohin ich morgen gehe. In diesem Augenblick weiß ich, wo ich bin. Ich lehne an der Erdkruste, überwältigt vom Glück, hier und jetzt am Leben zu sein. Ich rühre mich nicht und verschmelze mit der Landschaft. Ich hinterlasse einen Abdruck, der bald nicht mehr zu sehen sein wird. Ich bin nur auf Durchreise.

In dem Jahr, als Eyjafjallajökull aus- und die isländische Wirtschaft zusammenbrach ...

... zog es Sarah Moss mit Kind und Kegel auf die sagenumwobene Insel im Atlantik, in jenes Land, in dem flüssige Lava, kochender Treibsand und Mondschatten ebenso zum Alltag gehören wie abgepacktes Walfleisch in den Supermarktregalen, abergläubische Verkehrsämter und freie Waffentransporte in Passagierflugzeugen. *Sommerhelle Nächte* ist eine geistreiche Reflexion über das Fremdsein und eine empathische Erkundung der isländischen Kultur.

»Intelligent und selbstironisch.« *Süddeutsche Zeitung*

Sarah Moss
Sommerhelle Nächte
Unser Jahr in Island
400 Seiten, gebunden
mit Schutzumschlag und Lesebändchen
€ 22,– [D]
ISBN 978-3-86648-186-2
www.mare.de

»Von allen Büchern über sich selbst hätte Hemingway dieses am besten gefallen, denn es ist so, wie er sich selbst gern gesehen hätte: unterhaltsam, charmant und nicht zu dick.«

Oliver Maria Schmitt

Er war Nobelpreisträger, Großwildjäger, Kriegsreporter und Hochseefischer (vom Trinker und Weiberhelden gar nicht zu reden): Ernest Hemingway. Wie ist dieser Draufgänger aus heutiger Sicht zu beurteilen, und soll man überhaupt noch Hemingway lesen? Was genau hatte der alte Mann mit dem Meer am Hut, und wie kam es zum Wettangeln mit Fidel Castro? Thomas Fuchs widmet sich diesen Fragen mit profunder Sachkenntnis und erfrischender Respektlosigkeit.

Thomas Fuchs
Hemingway: Ein Mann mit Stil
Biografie
224 Seiten, gebunden
mit Schutzumschlag und Lesebändchen
€ 20,– [D]
ISBN 978-3-86648-208-1
www.mare.de

>>Ein großer Wurf. Detailliert,
kenntnisreich und umfassend.<<

Literaturkritik.de

Im Frühjahr 1927 hielt die ganze Welt den Atem an:
Sechzehn Piloten lieferten sich ein Rennen im Kampf um
den Preis für den ersten Nonstop-Atlantiküberflug.
Viel ist über den Gewinner Charles Lindbergh geschrieben
worden, doch kaum je etwas über die restlichen fünfzehn.
Joe Jackson erzählt die Geschichte des gesamten Wettkampfs – und er beschreibt jene magische Ära, in der Inno-
vation und der Zeitgeist der Zwanzigerjahre neue Möglich-
keiten schufen, Sehnsüchte schürten und damit unerhörte
und oft dramatische Höhenflüge provozierten.

Joe Jackson
Atlantikfieber
Lindbergh, seine Rivalen und der Wettflug über den Ozean
736 Seiten mit Abbildungen, gebunden
mit Schutzumschlag und Lesebändchen
€ 26,– [D]
ISBN 978-3-86648-156-5
www.mare.de